Callwey

Der Profi-Heimwerker

Bernd Grützmacher

Grasdach und Dachbegrünung

Planung, Aufbau, Eigenleistung für moderne Grasdächer

Callwey

Zu Seite 2:
1 Grasdach-Haus auf den Färöer-Inseln,
s. auch Abb. 3

Die Deutsche Bibliothek - CIP-Einheitsaufnahme
Grützmacher, Bernd:
Grasdach und Dachbegrünung: Planung, Aufbau, Eigenleistung für moderne Grasdächer. – Aktualisierte und erw. Ausg. des Bd. »Grasdach – Aufbau, Konstruktion, Systeme«, 1984. – München: Callwey, 1993.
(Der Profi-Heimwerker)
ISBN 3-7667-1072-9
NE: HST

Schutzumschlaggestaltung Baur + Belli Design, München,
Satz Fotosatz Edith Mocker, 82219 Eichenau
Druck und Bindung Druckerei Kösel, Kempten
ISBN 3-7667-1072-9

Inhalt

2 Grasdachgedecktes Wohnhaus eines ehemaligen Bauerngehöfts aus dem 18. Jahrhundert, Färöer-Inseln

Einleitung

Mit jedem Wohn-, Verwaltungs- und Industriebau wird Vegetationsfläche unwiederbringlich zerstört und die Natur soweit verdrängt, daß die verbleibenden Grünflächen ihren ökologischen Funktionen immer weniger gerecht werden können.
Das hat zur Folge, daß das Klima in Ballungszentren immer trockener, wärmer und staubiger zu werden droht. Es können sich Dunstglocken bilden, unter denen Krankheitserreger und chemische Schadstoffe in die Atemwege der Menschen gelangen und deren Gesundheit zunehmend gefährden.
Untersuchungen haben nun gezeigt, daß durch das Begrünen von Dächern und Fassaden eine wesentliche Verringerung der Luftverschmutzung, eine ausreichende Sauerstoff- und Feuchtigkeitsanreicherung der Luft und ein erheblicher Abbau von Temperaturschwankungen erreicht wird.
Begrünte Dächer reinigen nicht nur die Luft, reichern sie mit Sauerstoff und Feuchtigkeit an und verringern die unnatürlichen Temperaturschwankungen durch Verdunstung, Kondensation und Wärmespeicherung, sondern tragen auch auf äußerst ökonomische Weise zur Wärmedämmung, Wärmespeicherung sowie zum Schallschutz bei[1].

3 Grasdach-Haus auf den Färöer-Inseln (nach historischem Vorbild), s. auch Abb. 1

1 Vgl.: Minke, G., »Grasdächer. Ein ökonomischer Beitrag zum ökologischen Bauen«, in: Deutsche Bauzeitung, Sonderdruck Nr. 4, 1982

Positive Wirkungen des Grasdaches[2]

Wärmetechnische Vorteile:
— Wärmedämmung durch Luftpolsterbildung zwischen den 20 bis 40 cm hohen Gräsern
— Verringerung des Wärmeverlustes durch Konvektion
Im Gegensatz zu konventionellen Dächern, die sich unter Sonneneinstrahlung bis zu 80° aufheizen können, wodurch Luftbewegungen entstehen, die Staubpartikel aufwirbeln und somit zur Bildung von Schmutz- und Dunstglocken beitragen, erwärmt sich ein Grasdach maximal bis 25 °C, so daß Wärmeverluste durch Konvektion nahezu ausgeschlossen werden.
— Verringerung des Wärmeverlustes infolge nächtlicher und winterlicher Aufheizung der Erdschicht durch die Wurzelatmung, welche verhindert, daß die Temperaturen im Erdreich des Grasdaches unter den Nullpunkt absinken.
— Verringerung des Strahlungswärmeverlustes
Die vom Gebäude nach außen dringenden langwelligen Wärmestrahlen werden vom Gras zu einem großen Teil wieder reflektiert, teilweise absorbiert.
— Wärmespeicherung durch die Erdschicht
Durch das in den Pflanzen gespeicherte Wasser entsteht eine Wärmespeicherkapazität, die den Wärmeverlust der Innenräume mindert.

Klimatische Wirkungen[3]:
— Kühlwirkung im Sommer
Durch die Verdunstung von Wasser, die Dämmwirkung des Luftpolsters und die Reflexion der Sonnenstrahlen entsteht ein spürbarer Kühleffekt. »Das Grasdach wirkt wie eine Klima-Anlage.«[4]
— Luftverbesserung durch Sauerstoffanreicherung und Kohlendioxidverbrauch. Ein 15 m^2 großes Grasdach mit einer Blattoberfläche von ca. 100 m^2 je m^2 Dachfläche erzeugt (nach Minke) ausreichend Sauerstoff für zehn Personen.
— Luftreinigung durch die Filterwirkung des Graspolsters (die Blattoberflächen binden Staubpartikel, die durch den Regen wieder ausgewaschen werden).
Neben den genannten Wirkungen wird von Minke noch auf die schalldämmende Wirkung des Erdsubstrates und die Schallschluckwirkung des Graspolsters hingewiesen.

All jenen Bauherren, die bereit sind, verantwortlich darüber nachzudenken, wie sie die zerstörte Vegetationsfläche wieder ersetzen oder ein vorhandenes Dach in ein Grasdach »verwandeln« können, bietet dieses Buch eine Beschreibung historischer und moderner Konstruktionen von Grasdächern. Dabei sollen nicht nur Ideen und Anregungen vermittelt, sondern auch handwerkliche Details dargestellt werden, die zu erheblichen Eigenleistungen ermutigen.

2 Nach Untersuchungen von Gernot Minke, Gesamthochschule Kassel, Forschungslabor für Experimentelles Bauen, Kassel 1982

3 Siehe hierzu: Höschele/Schmidt: »Klimatische Wirkungen einer Dachbegrünung«, in: Garten und Landschaft Nr. 6, 1974, S. 334 ff.
4 Minke, G., »Dach- und Wandbegrünungen zur Verbesserung der Wohnumfeldbedingungen«, in: Das Gartenamt, Heft 8, 1981, S. 568

4 Norwegisches Grasdach

Um verstehen zu lernen, wie aus einem Haus ein Stück Landschaft werden kann, beschreibt der erste Teil dieses Buches (s. Seite 12-41) Konstruktionsdetails von Grasdächern aus Norwegen und von den Färöer-Inseln und macht jene durch technische Zeichnungen verständlich.

Die Beschreibung historischer Bauformen wird ergänzt durch Angaben über heute übliche Konstruktionsdetails in diesen Regionen, wobei versucht wird, neue Materialien und historische Vorbilder einander anzugleichen.

Der Versuch, historische Grasdachkonstruktionen zu beschreiben, folgt zwei Gründen:

Erstens soll dem Leser bewußt gemacht werden, wie regional verfügbare Baumaterialen schon seit Jahrhunderten für den Hausbau verwendet wurden.

Zweitens wird durch die Detailbeschreibung skandinavischer Grasdächer dem interessierten Leser die Möglichkeit geboten, sein Grasdachkonzept - trotz aller Normen, Vorschriften und dem vielfältigen Angebot an modernen Baumaterialien - mit historischen Details zu bereichern bzw. zu ergänzen.

5 Modernes Grasdach eines Kongreßzentrums (Färöer)

Im zweiten Teil dieses Buches werden »moderne« Grasdachkonstruktionen erläutert und auf die wichtigsten Konstruktionsempfehlungen und Normen (DIN) hingewiesen. Außerdem werden Vegetationsmöglichkeiten, Begrünungsalternativen und deren Pflege beschrieben. Schließlich werden in Deutschland angebotene »Grasdachsysteme« vorgestellt (s. Seite 90–103). Neben der Begrünung geneigter Dächer wird auch auf die Bepflanzung von Flachdächern eingegangen (s. Seite 104–115).

Die historische Konstruktion von Grasdächern in Norwegen und auf den Färöer-Inseln

Die Harmonie der alten begrünten Wohn- und Bauernhäuser mit der sie umgebenden Natur ist im wesentlichen auf die Bautechnik und die traditionell verwendeten Baumaterialien zurückzuführen. Trotz der vielseitigen architektonischen Gebäudevarianten in den skandinavischen Ländern, vermitteln die Grasdächer ein ausgewogenes Verhältnis von Natur und Architektur[5].

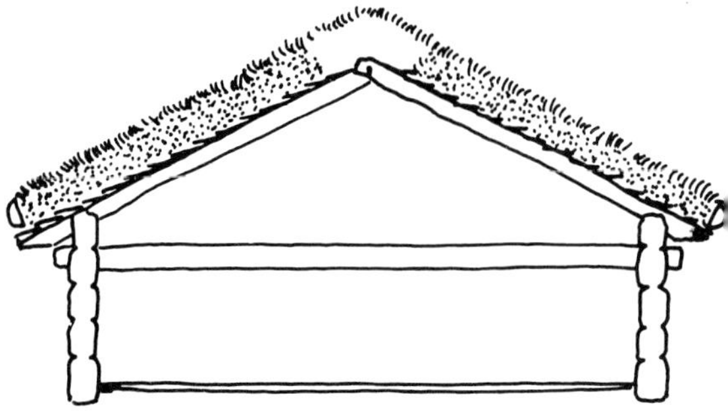

6 **Sparrendach**

Unterkonstruktion alter norwegischer Grasdächer

Die jahrhundertealten Wohn- und Wirtschaftsgebäude der Bauern wurden überwiegend in Stabbau-, Bohlenständer- und Blockbaukonstruktionen gebaut.
Die die Gras- bzw. Wildblumenwiese tragende Unterkonstruktion waren Sparren- und Pfettendächer, oder eine Kombination beider Systeme:
Während beim *Sparrendach* die Sparren parallel zum Giebel über den First verbunden wurden, unterschied sich das *Pfettendach* durch parallel zur Traufe in die Giebelwände verankerte Balken.
»Das Sparrendach war eine der üblichen Dachformen der Herdfeuerhäuser und der Rauchofenhäuser. Diese Bauweise bot sich an, da sie aufgrund der offenen Feuerstelle im First eine Öffnung für den Rauchabzug zuließ. Um den Druck des Daches auf die Seitenwände abzufangen, wurden die Seitenwände mit einem oder mehreren Bindebalken beidseitig verbunden.«[6]
Die alten Pfettendächer haben konstruktiv einen sehr einfachen Aufbau und sind in ihrer Konstruktion eine Fortsetzung der Blockbaukonstruktion auf die Dachfläche. Die von Giebel zu Giebel verlegten Rundhölzer wurden wie die Eckverankerungen der Blockbauwände mit den Giebelwänden verankert.

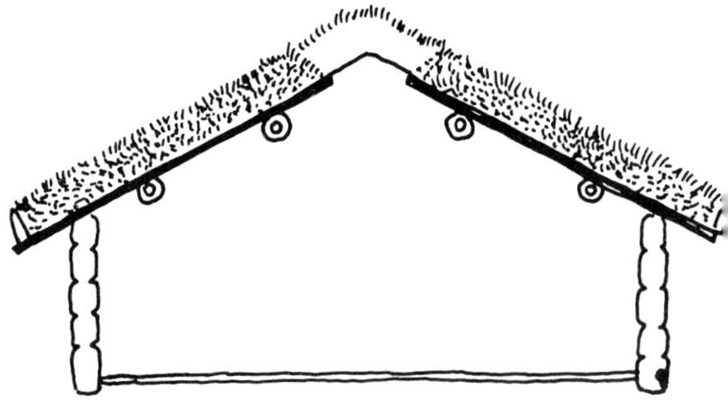

7 **Pfettendach**

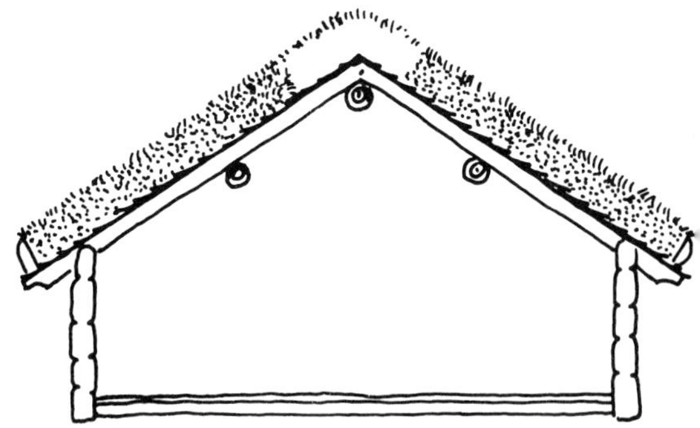

8 **Kombiniertes Sparren-Pfettendach**

5 Vgl.: v. Hilchen, M., »Aufbau und Funktion der begrünten Dächer in Norwegen«, Kassel 1980, S. 20 (Diplomarbeit)
6 v. Hilchen, M., a.a.O., S. 24

Möglicherweise haben Erfahrungen mit Grasdächern, sowohl hinsichtlich ihrer Reparaturanfälligkeit im Traufenbereich als auch hinsichtlich der statischen Anforderungen des Dachstuhls, zu einer Kombination beider Konstruktionsarten geführt.

Beispielsweise können bei der Sparrenkonstruktion, bei der die Dachschalungsbretter parallel zur Traufe befestigt werden, beschädigte Bretter oder Bohlen wesentlich einfacher und zeitsparender ausgetauscht werden als beim Pfettendach, bei dem die Dachschalung von der Traufe zum First befestigt wurde.

Diese Kombination hatte aber auch statische Vorteile, da die Belastung der Sparren (Eigengewicht, Grassoden-, Wind- und Schneelast) von den Pfetten mit aufgefangen wurde.

Eine typisch westnorwegische Ständerkonstruktion für ein Grasdach zeigt Abbildung 11 (Ausschnitt).

Interessant ist, daß die unbesäumten (noch mit der Rinde belassenen) Bohlen-Bretter mit einem Zwischenraum von 3 bis 4 cm am Sparren befestigt sind. Dadurch wurde eine Hinterlüftung der daraufliegenden, mehrlagigen Birkenrindenschicht gewährleistet.

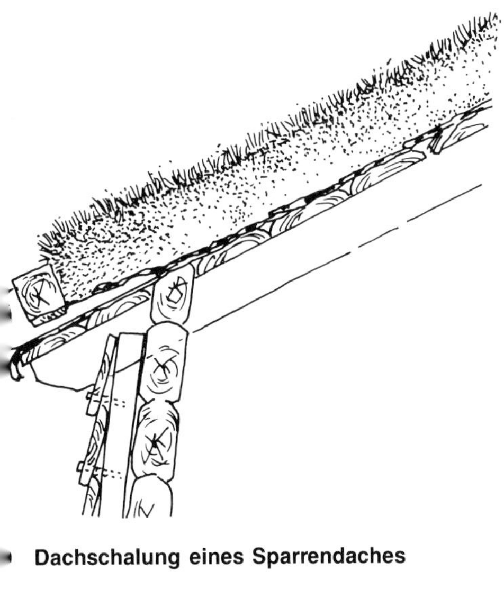

Dachschalung eines Sparrendaches

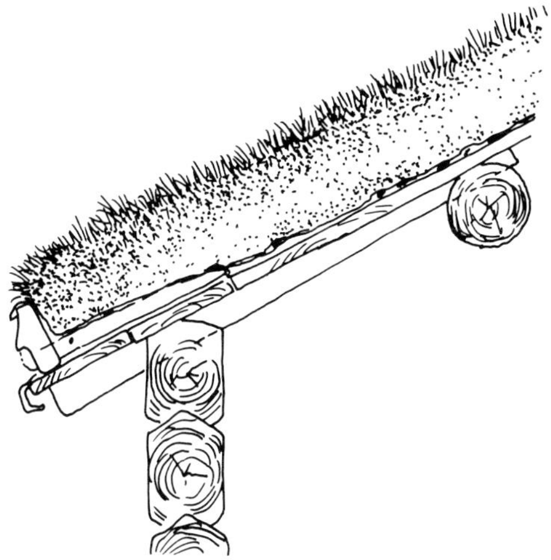

10 Dachschalung eines kombinierten Sparren-Pfettendaches

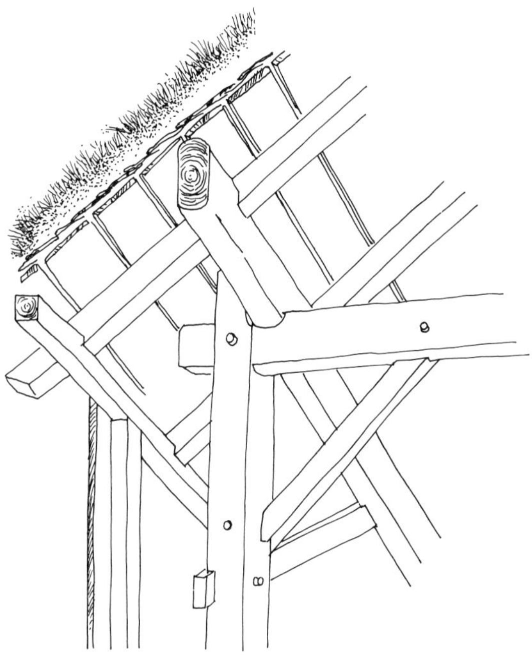

11 Westnorwegische Ständerkonstruktion

Der Autor hatte die Möglichkeit, eine derartige Grasdachunterkonstruktion in einem 350 Jahre alten und noch heute bewohnten Wohnhaus auf den Färöer-Inseln von innen zu besichtigen; trotz der hohen Luftfeuchtigkeit und Niederschlagshäufigkeit wiesen die vor rund vierzig Jahren erneuerten Bohlen der Dachschalung und die darüberliegende Birkenrindenschicht keinerlei Fäulniserscheinungen auf. Der Dachraum war kühl und trocken.

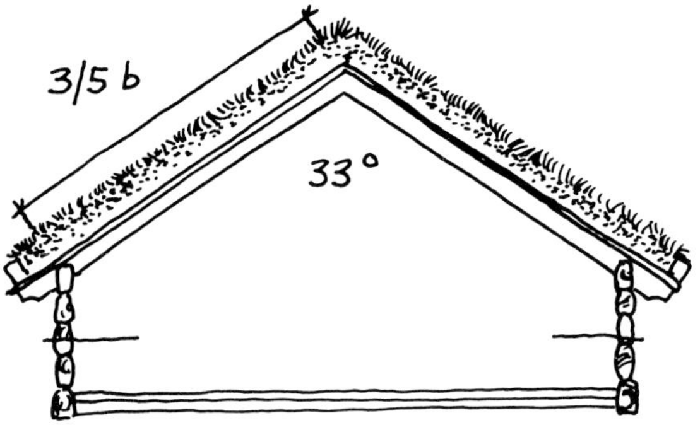

12 **Dachneigung 33°**

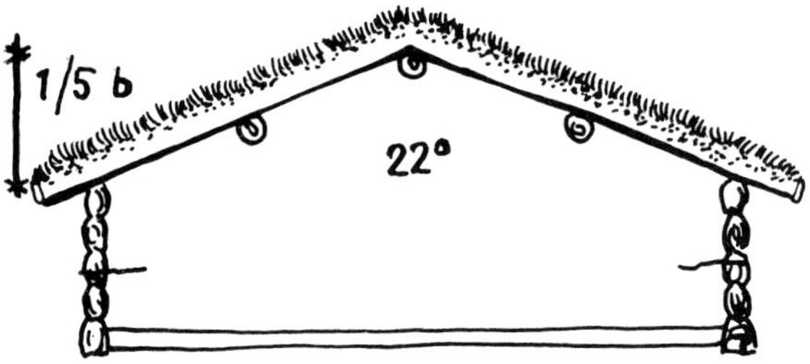

13 **Dachneigung 22°**

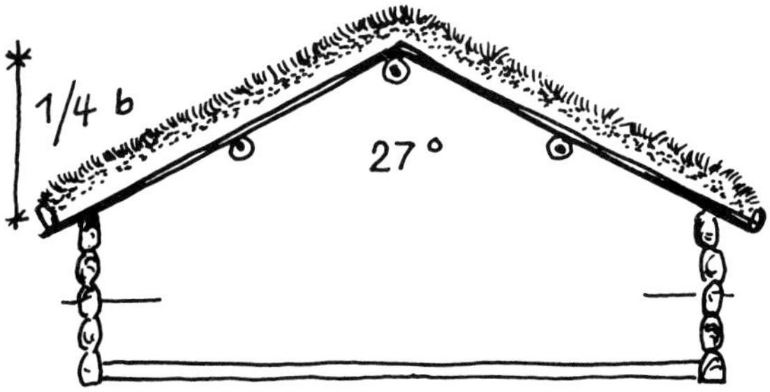

14 **Dachneigung 27°**

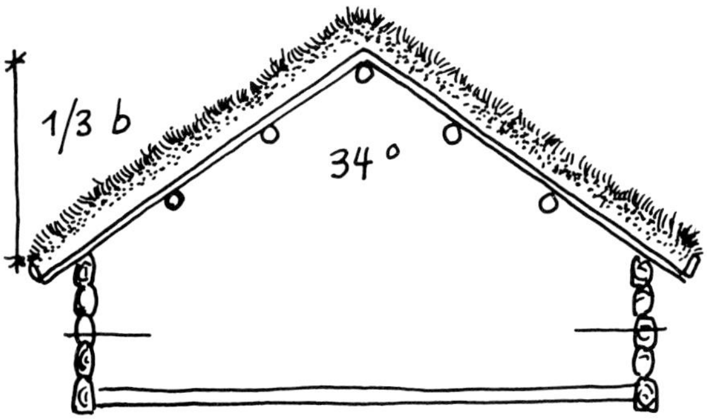

15 **Dachneigung 34°**

Dachneigung norwegischer Grasdächer (traditionelle Ausführung)

Die Dachneigung eines Grasdaches hat generell zwei Funktionen: Einerseits sollte das Dach nicht zu steil gebaut sein, um ein Abrutschen der losen verlegten Birkenrinde und der daraufliegenden Grassodenschicht zu verhindern, andererseits aber nicht zu flach ausgeführt sein, damit das Wasser schnell genug abfließen kann und die nässeabweisende Rindenschicht nicht durchdringt. Ein Verfaulen der Unterkonstruktion wäre die Folge.

Während wir heute genaue Vorstellungen darüber haben, in welchem Neigungsbereich Grasdächer gebaut werden sollten, wurde die Dachneigung norwegischer Grasdächer durch die Relation der Dachsparrenlänge als ein Teilmaß der Hausbreite vorgegeben.

In Süd- und Westnorwegen war die Sparrenlänge 3/5 der Hausbreite. Das ergab eine Dachneigung von 33°.

Bei Pfettendächern ergab sich die Dachneigung aus der Dachhöhe als ein Teilmaß der Hausbreite. In der Region Gulbrandsdalen und Osterdalen war die Dachhöhe 1/5 der Hausbreite, so daß ein Dachwinkel von 22° entstand.

Daneben waren in anderen Regionen unterschiedliche Teilmaße üblich, wie aus nebenstehenden Zeichnungen 12–15 ersichtlich wird.

16 Norwegisches Grasdach

Nach den Grasdachrichtlinien des Norwegischen Bauforschungs-Instituts von 1979[7] liegt die optimale Dachneigung für Grasdächer zwischen 20 bis 27°. Weniger als 18° sollte in regenreichen Regionen vermieden werden, um einen guten Wasserablauf zu gewährleisten.

Wenn die Dachneigung 23° übersteigt, sollten Schubsicherungen eingebaut werden, um ein Absacken der Grassoden zu verhindern.

Darüber hinaus empfehlen diese Richtlinien eine Unterkonstruktion, die das Gewicht von 3,000 N/m^2 (300 kg/m^2) tragen kann.

[7] Norges byggsforskinginstitut »Taktekking Torvtak«, Oslo 1979

Unterkonstruktion alter Grasdächer auf den Färöer-Inseln

Die wichtigsten Baustoffe, die für den Grasdachbau auf dieser Inselgruppe zur Verfügung standen, waren Felssteine und Grassoden. Holz mußte aus Norwegen importiert werden. So verwundert es nicht, daß die ursprünglichen Grasdachhäuser Wandaufbauten aus Grassoden oder Steinen hatten, während das tragende Holzgebinde aus einem einfachen Bohlenständerbau bestand[8]. »Der Dachstuhl ruht deshalb im allgemeinen nicht auf den Umfassungswänden, sondern auf einem Holzgerüst, das innerhalb der Wände und unabhängig von diesen steht. Diese Konstruktion entspricht dem isländischen Grashaus, ist seiner Konstruktion nach ein Holzständerbau, wobei die Graswände nur den Raum umschließen, aber fast keine tragende konstruktive Aufgabe haben.«[9]
Diese Bauweise in ihrer Abhängigkeit von den verfügbaren natürlichen Baumaterialien dominierte bis in das 18. und 19. Jahrhundert, wobei die Färöer gehauene Felssteine bevorzugten.
Erst Mitte des vorigen Jahrhunderts, möglicherweise gefördert durch die Erlöse aus dem Export von Wal- und Fischfangprodukten, gestattete ein bescheidener Wohlstand den importierten Werk-

17 Isländische Kirche mit Grasdach und Graswänden

18 Grundmauer und Dachkonstruktion eines alten Vorratshauses (Färöer)

19 Längsschnitt eines Sparrendaches (Färöer)[10]

8 Vgl.: Williamson, K., »The Atlantic Islands, a study of the Faeroe Life and Scence«, 1928, S. 206
9 Vgl.: Sacher, E., »Die aus Grassoden und Holz gebauten Höfe und Kirchen in Island«, Diss. TH Berlin 1938, S. 5

10 Aus: Bruun, D., »Fra de faerøske Bygder«, Kopenhagen 1929

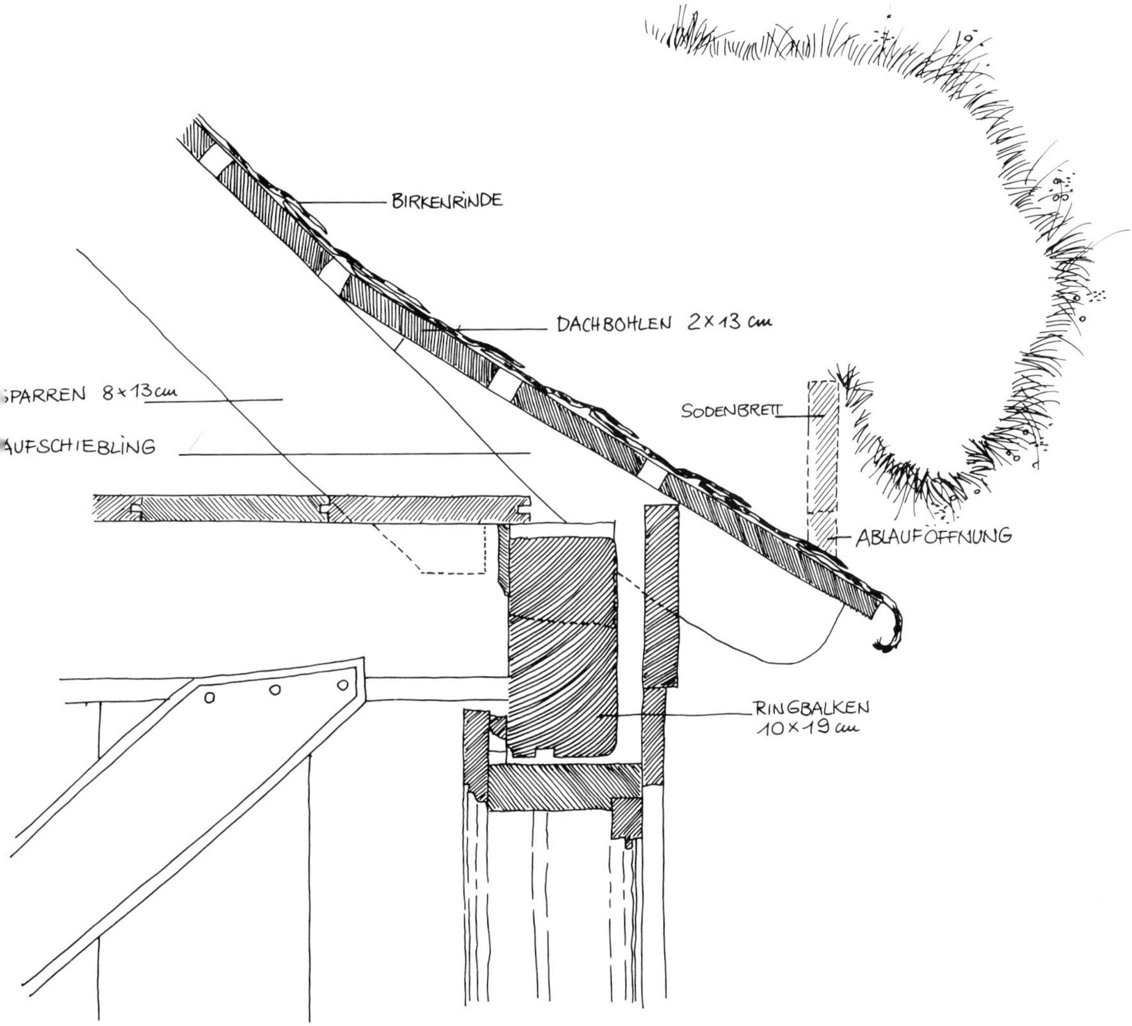

20 Schnitt durch ein traditionelles Grasdach (Traufenbereich)

stoff »Holz« intensiver für den Hausbau zu nutzen. Beim Aufmaß eines alten Färöer Bauerngehöftes, das die gleichen Konstruktionsmerkmale aufweist wie die Zeichnung 19 (wobei die Rauchabzugsöffnung durch einen Schornstein ersetzt worden war), wurde das Sparrendach mit 9 x 18 cm starken Sparren und einem Zwischenraum von 90 cm gebaut. Als Dachschalung wurden 16 bis 18 cm breite und 2 bis 3 cm dicke unbesäumte Bretterbohlen mit jeweils einem Zwischenraum von 3 bis 4 cm befestigt. Die Zeichnung 20 eines renovierten Grasdach-Dachstuhls verdeutlicht das.

21 Renoviertes Wohnhaus (19. Jh.)

22 Wohnhaus aus dem 18. Jahrhundert ▶

Dachneigungen

Die historischen Grasdächer dieser Färöer-Inselgruppe, deren Konstruktion von norwegischen Einwanderern übernommen wurde, wurden in den unterschiedlichsten Dachneigungen (18 ° bis 45 °) gebaut. Die Zeichnung 23 zeigt deutlich die vergleichsweise steile Dachneigung, die wahrscheinlich aufgrund der Niederschlagshäufigkeit so gewählt wurde.

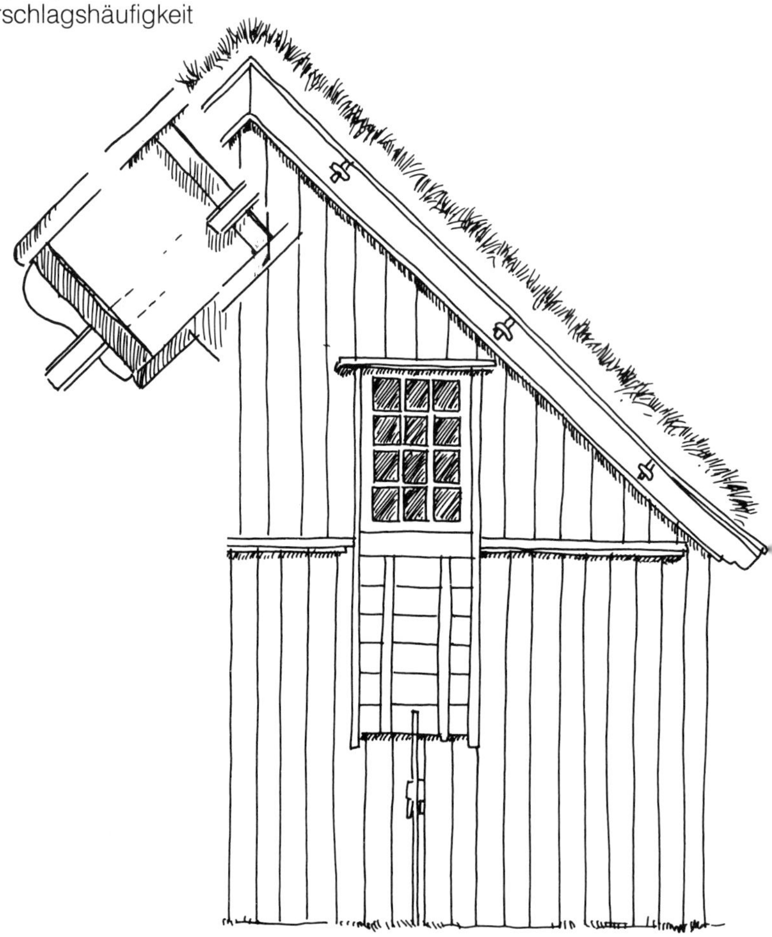

23 Teilskizze einer Holzkirche (Hvalvik Kirke)[11]

11 Aus: Dansk-Faerøsk Kulturfond »Faerøerne I«, Kopenhagen 1958, S. 168

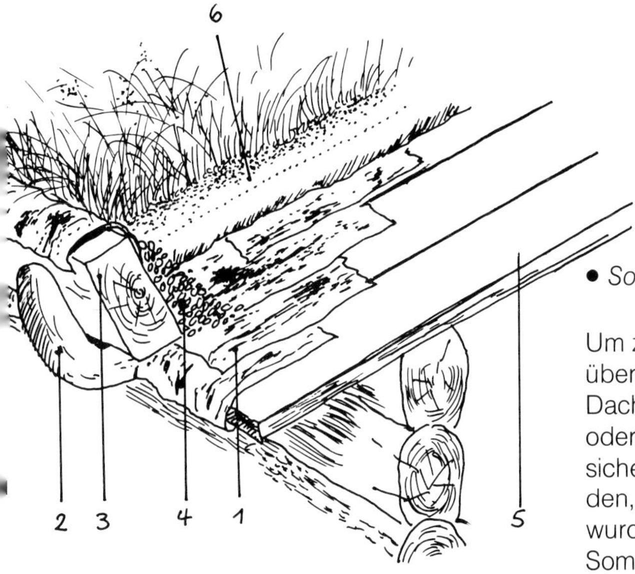

24 Schematischer Aufbau eines traditionellen Grasdaches:
1 Birkenrinde
2 Winkelhaken
3 Traufbalken
4 Kieselfilterschicht
5 Dachbohlen
6 Grassoden

Konstruktionsdetails traditioneller Grasdächer

Das traditionelle skandinavische Grasdach besteht aus dem dachtragenden Dachstuhl und der darauf befestigten Dachschalung aus unbesäumten Bretterbohlen mit aufliegenden Birkenschindeln und Grassoden.
Statt der heute üblichen Dachdichtungsbahn wurde die Birkenrindenschicht als Nässeschutz verwendet und mit zwei Lagen ausgestochener Grassoden abgedeckt.
Bevor auf die Verlegetechnik der Birkenrinde und der Grassoden eingegangen wird, sei vorab darauf hingewiesen, daß ein derartiges Grasdach ein Eigengewicht von ca. 250 kg/m^2 hat. Dieses Eigengewicht entwickelt vor allem bei steileren Dächern eine Schubkraft, die durch eine besondere Traufenkonstruktion abgefangen werden muß, um ein Abrutschen der Soden zu verhindern. Der »Sodenbalken« oder das »Sodenbrett« waren hierfür die traditionelle Lösung.

- *Sodenhalterung*

Um zu verhindern, daß die Grassoden vom Dach über die Traufe rutschen, sind parallel zu den Dachtraufen »Sondenhalter« in Form von Balken oder Bohlen befestigt worden. Neben der Schubsicherung mußte aber auch darauf geachtet werden, daß das Oberflächenwasser nicht gestaut wurde, sondern ungehindert abfließen konnte. Somit war nicht nur die Form und Dicke des Sodenhalters entscheidend, sondern auch dessen Befestigung auf der Dachschalung, um beide Funktionen zu erfüllen.
Bevor auf die verschiedenen Varianten von Sodenhaltern eingegangen wird, zunächst eine schematische Darstellung eines traditionellen Grasdachaufbaus mit Birkenrinde (s. Abb. 24):
Deutlich erkennbar sind die überlappend verlegten Birkenrindeschindeln (die im Traufenbereich 5- bis 8lagig verlegt wurden), wobei die sichtbaren Rinden unterhalb des Sodenbalkens und auf dem Balken selbst mit der Außenseite nach außen verlegt wurden, während die Schindeln auf der Dachfläche seitenverkehrt mit der Außenseite zur Dachschalung hin verlegt wurden.

Die Vorteile dieser Verlegetechnik sind offenkundig:
Einerseits wird die natürliche Rundung der Birkenrinde benutzt, um den Traufbalken und die Traufkante der Dachschalung vor Nässe zu schützen und einen raschen Wasserablauf zu gewährleisten; gleichzeitig wird damit eine ästhetische Anmut erreicht, die für Grasdächer dieser Art noch heute von besonderem visuellen Reiz ist.
Andererseits wird durch das seitenverkehrte Verlegen der Rinde auf der Dachschalung eine längere Lebensdauer des Grasdaches erreicht, da die Rindeninnenseite einen besseren Schutz gegen die Humussäure des Grassodenbodens bietet.

25 Dachneigung einer Vorratskammer

26 Birkenrinde als Traufenschutz ▶

• *Traufbalken* ***(Sodenhalter)***

Die traditionellen Ausführungen von Traufbalken zeigen die Abbildungen 27-31, die neben der Form des Sodenhalters auch deren Befestigung verdeutlichen[12].

Da der Winkelhaken unterhalb der Dachschalung befestigt ist und der Rundbalken vollflächig auf der Birkenrinde liegt, sind in den Balken Wasserablaufschlitze eingesägt, die einen Wasserstau vermeiden. Der Kolben selbst, der auch Sparrenhaken genannt wird, wird vor dem Verlegen der Dachschalung in die Bohlenwand und Pfette eingelassen und befestigt.

Der Rundbalken selbst ist mit Birkenrinde umlegt, um ihn vor Nässe zu schützen. Da dieser Feuchtigkeitsschutz dennoch einen regelmäßigen Austausch des Balkens erforderte, wurde eine Lösung gefunden, die ein Auswechseln des Sodenhalters erleichterte:

Der Rundbalken übernahm die Schubsicherung und konnte jederzeit ausgewechselt werden.

Andere Formen balkenähnlicher Sodenhalter zeigen die Abbildungen 28-32:

Die Befestigung des Winkelhakens *auf* der Dachschalung hat den Vorteil, daß zwischen Birkenrinde und Sodenhalter ein Zwischenraum entsteht, der das Oberflächenwasser abführt; bei der Verwendung des Kolbennagels waren wiederum Ablaufschlitze erforderlich. Eine interessante Variante zeigt die Abbildung 31, bei der der Sodenbalken ca. 5 cm vor der Traufkante angebracht wird und damit ebenfalls einen schnellen Wasserablauf garantiert.

Auch bei diesen Konstruktionsformen sind die Traufbalken mit Birkenrinde abgedeckt. Generell

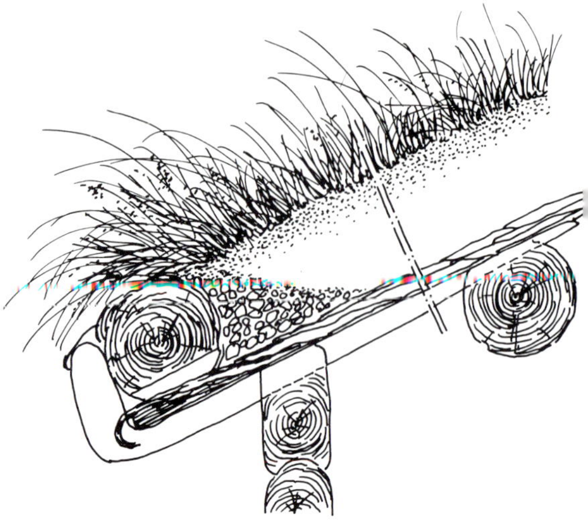

27 Rundholz als Traufbalken (mit gewachsenem Winkelhaken befestigt)

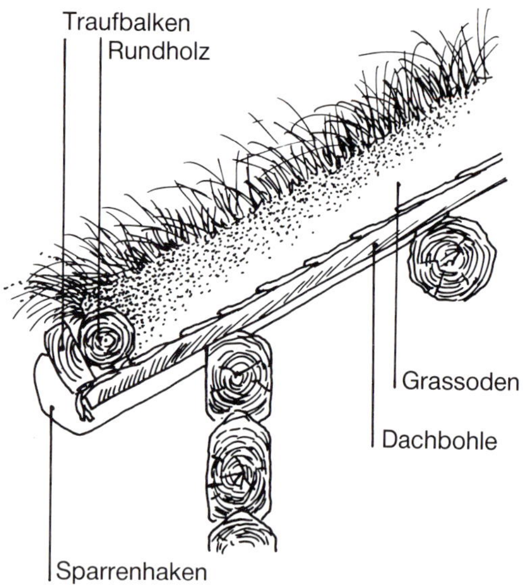

28 Traufenabschluß mit Kantholz und Rundbalken

wurden die Birkenschindeln im Traufenbereich mit besonderer Sorgfalt mehrlagig verlegt, um einen langfristigen Nässeschutz zu erhalten.

Eine andere Form, den Traufbalken gegen die Schubwirkung des Grassodendaches abzufangen, wurde an Sparrendächern praktiziert. »Man verwendete Sparren, die etwa 12 cm über die

12 Siehe hierzu: Norges byggsforskinginstitut, a.a.O., S. 5; Universitetsforlaget (Hrsg.), »Gamle trehus«, Oslo 1980, S. 35; Vreim, H., »Tomring og Torvtekking«, Oslo 1975, S. 71 f.

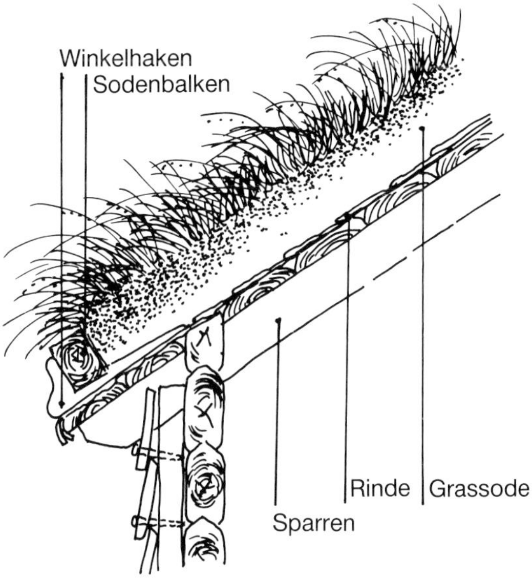

29 Sodenbalken an obenliegendem Winkelhaken befestigt

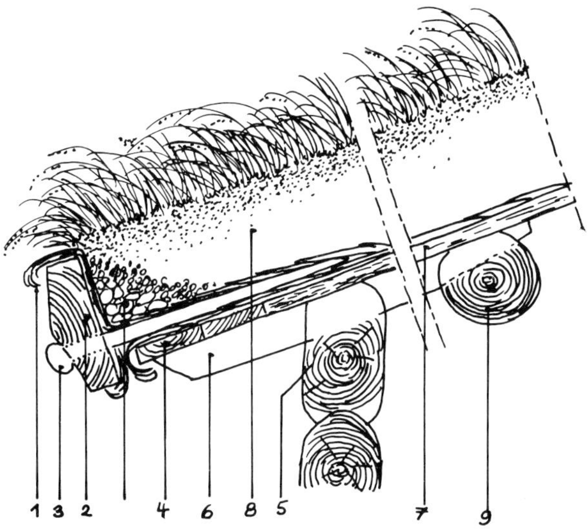

31 Der Sodenbalken wird mit dem Kolbennagel vor die Traufkante gehängt: 1 Birkenrinde, 2 Traufbalken, 3 Kolbennagel, 4 Randbohle, 5 Blockwand, 6 Pfettensparren, 7 Dachbohle, 8 Grassode, 9 Pfette

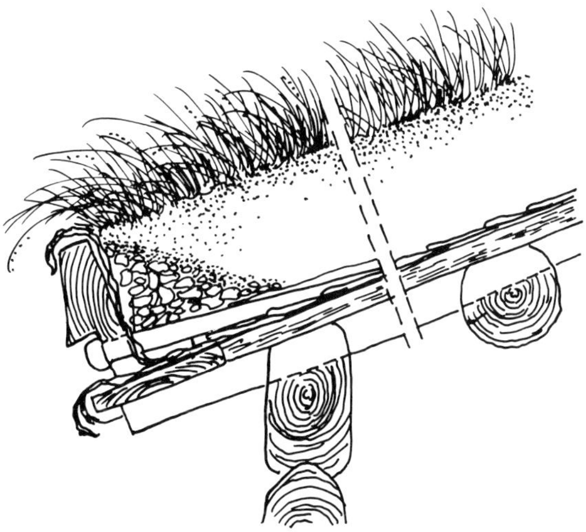

30 Der Sodenbalken wird durch einen Kolbennagel gehalten.

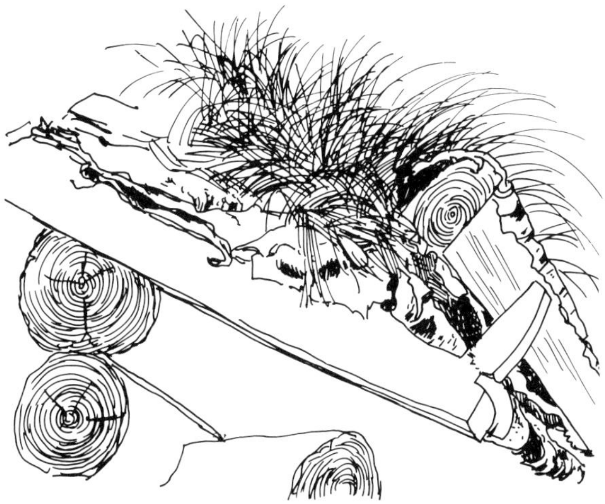

32 Absicherung des Sodenbalkens mit Sparren-Dübel

Traufkante überstehen und zapfte kräftige Dübel in die Sparrenenden.«[13]

Diese einfache Methode hat aber den Nachteil, daß trotz der Rindenabdeckung nicht verhindert werden kann, daß Wasser in das Zapfenloch eindringt, und Dübel wie Sparren zu faulen beginnen.

13 v. Hilchen, M., a.a.O., S. 47

• *Traufbrett (Sodenbrett)*

In Regionen ohne nennenswerten Baumbestand wurden statt der Balken oder Rundhölzer Sodenbretter verwendet.
Diese ca. 3 bis 4 cm dicken Sodenbretter sind - je nach Grasdachdicke - 12 bis 16 cm breit und an der Unterseite der Dachneigung entsprechend angeschrägt. Um der Gefahr der Stauwasserbildung entgegenzuwirken, werden an der Brettunterkante in einem Abstand von 20 cm Ablauflöcher (3 x 3 cm) eingestemmt. Diese Ablauflöcher werden zur Sodenseite hin trichterförmig verbreitert, um den Wasserablauf zu erleichtern. Ohne diese Löcher müßte das Sodenbrett ca. 2 bis 3 cm über der Dachschalung befestigt werden.
Um die Schubkraft des geneigten Grasdaches abfangen zu können, werden die Traufbretter von geschmiedeten Winkeleisen - auch Knecht genannt - gehalten, die auf der Dachschalung liegend mit den Sparren verschraubt werden.

34 **Sodenbrett mit Wasserablaufschlitzen**

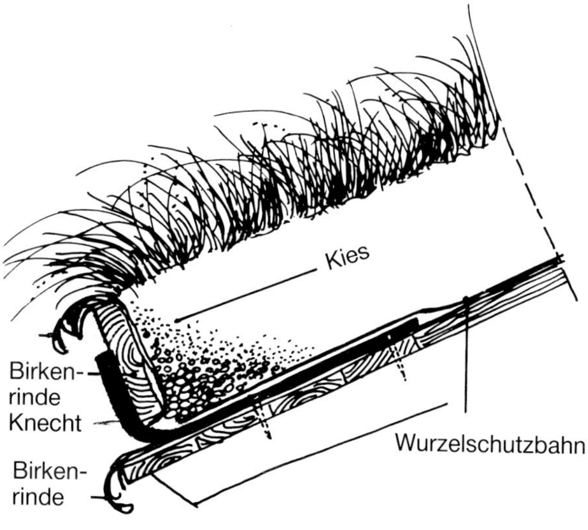

33 Sodenbretthalterung durch geschmiedeten »Knecht«

35 Giebelkante mit Felssteinen als Erosionsschutz ▶

• *Giebelausführung*

Um das Grasdach an den Giebelseiten vor Erosion durch Wind und Regen zu schützen, werden die Giebelkanten mit sogenannten Windbrettern oder Schwellenbalken versehen.
Ursprünglich hatten die Grasdächer keinen derartigen Schutz, sondern waren giebelseitig lediglich mit Felssteinen abgedeckt.
Die später verwendeten Giebelbalken wurden traditionell über den First hinausragend verlegt und mit dem gegenüberliegenden Giebelbalken über dem First kreuzweise verbunden. Da diese Rundbalken die gleichen Stärken wie die Sodenbalken hatten, wurde für die gesamte Dachfläche eine hölzerne Einfassung für die Sodenlagen erreicht.
Abbildung 37 zeigt eine Weiterentwicklung des Giebelbalkens zum Windbrett, das in seinen ersten Ausführungen noch ein behauener Balken war und mit dübelähnlichen Holzkolben mit der Dachschalung verbunden wurde.
Der wohl am weitesten verbreitete und im heutigen Grasdachbau überwiegend verwendete Giebelschutz ist das Windbrett.
Ursprünglich wurde das Windbrett hochkant an der Giebelseite mit hölzernen Kolbennägeln befestigt und lediglich mit Birkenrinde gegen Nässe geschützt.
Um die Oberkante des Windbrettes vor Nässe zu schützen, ist man dazu übergegangen, statt der Birkenrinde ein Abdeckbrett zu verwenden.

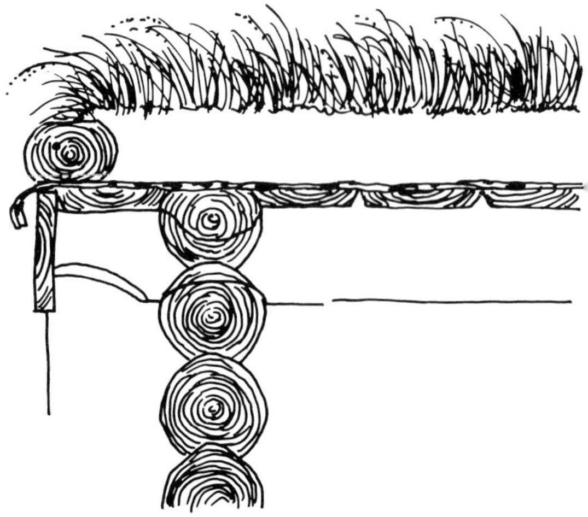

36 Giebelabschluß mit Schwellenbalken

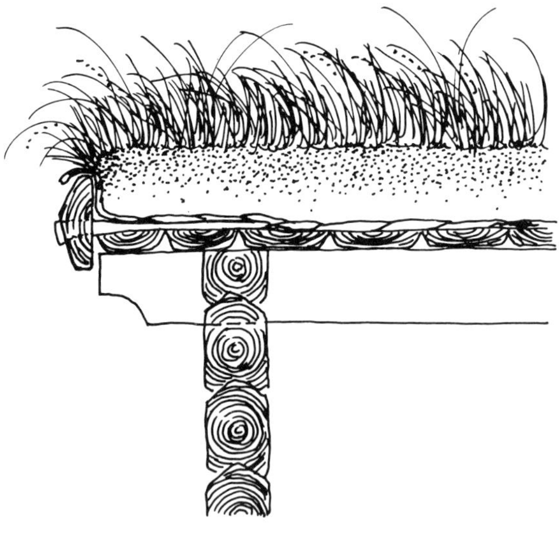

37 Giebelkonstruktion mit balkenähnlichem Windbrett

38 Sodenbrett mit hölzerner Regenrinne und abgedecktem Windbrett

39 Abdeckung des Windbrettes mit Birkenrinde

40 Windbrett mit Abdeckung

41 Sodenbrett mit unterlegter Birkenrinde und Regenrinne ▶

42 **Traufenkonstruktion mit Regenrinne und geschütztem Windbrett**

43 **Angekeiltes Windbrett ohne Abdeckung (gegen Nässe imprägniert)**

44 **Windbrett-Halter**

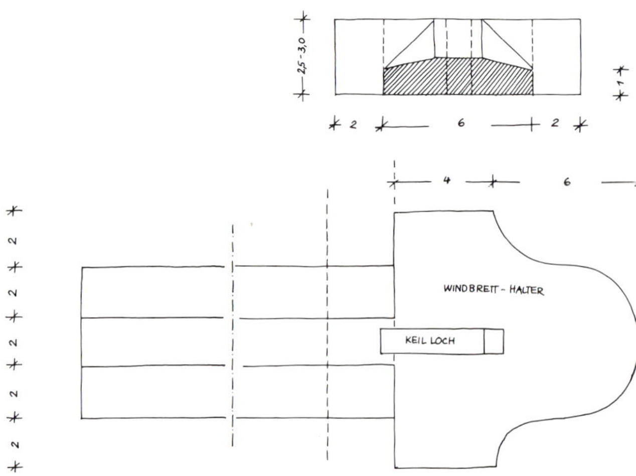

Wie aus den Abbildungen 42 und 43 zu ersehen ist, wurden auf den Färöer-Inseln die Befestigungshalter aus Bretterware angefertigt, die heute wieder verwendet wird, um eine historische Bauweise auch im Detail zu erhalten.

45 Rundholz-Dachrinne (Norweger-Haus-Siedlung, Hamburg-Ohlstedt)

• *Regenrinnen*

Ein typisch historisches Detail alter Grasdächer ist die aus Holz gebaute Regenrinne, die entweder aus einem ausgehöhlten Rundbalken oder aus rechtwinklig zusammengeschraubten Brettern hergestellt wurde und wird (s. auch Abb. 38 und 41).

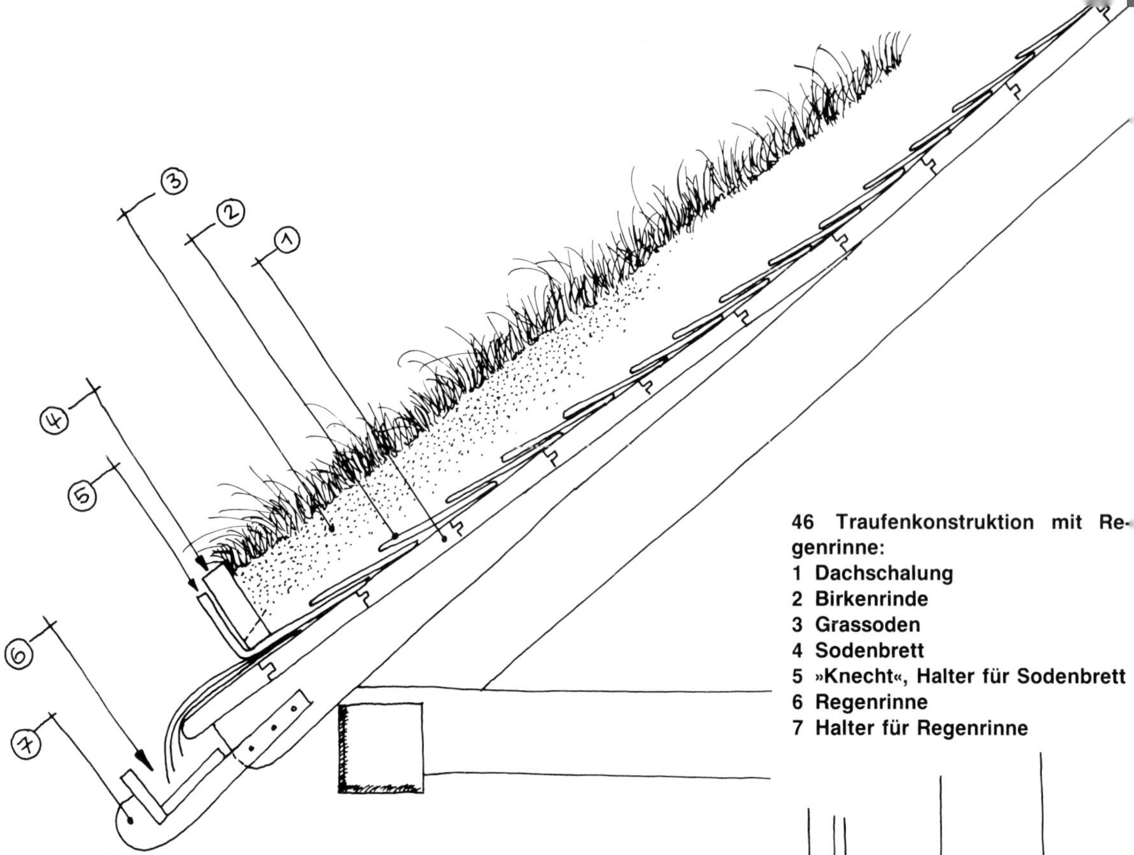

46 Traufenkonstruktion mit Regenrinne:
1 Dachschalung
2 Birkenrinde
3 Grassoden
4 Sodenbrett
5 »Knecht«, Halter für Sodenbrett
6 Regenrinne
7 Halter für Regenrinne

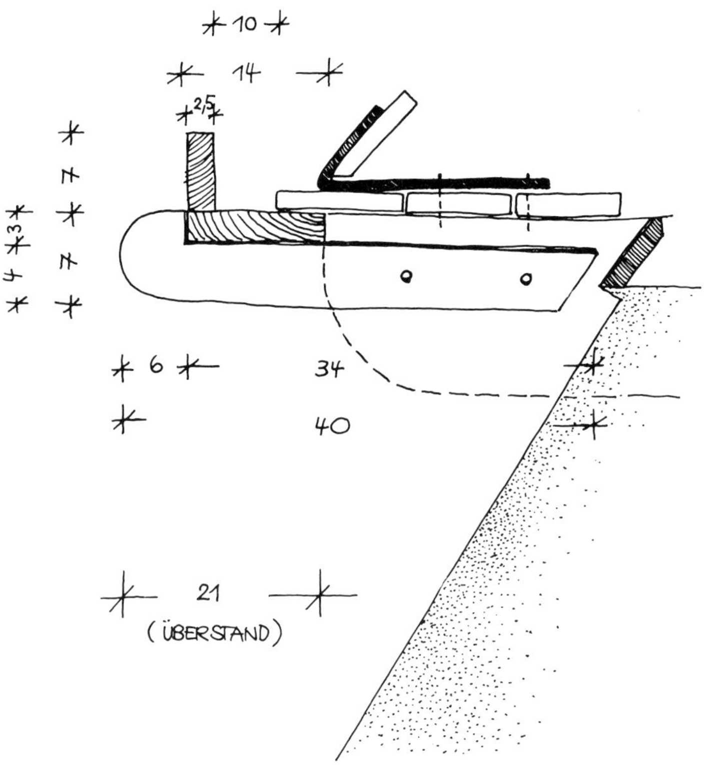

47 Detailkonstruktion Regenrinne

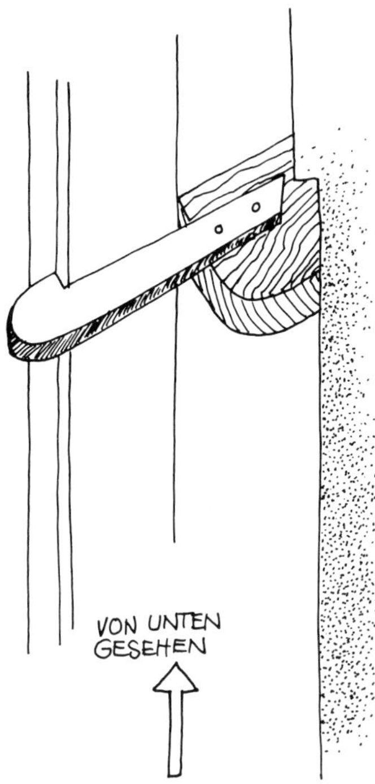

48 Regenrinnenhalterung

49 Seitenansicht einer Holzdachrinne mit Abflußschacht ▶

50 Schornstein mit auskragenden Steinplatten

• *Schornsteinausführung*

Zu den Schwachstellen eines Grasdaches gehören auch heute noch die Dachdurchbrüche. Während wir heute eine Vielzahl von Materialien verwenden können, um einen langfristigen Nässeschutz darunterliegender Räume zu gewährleisten, versuchten die Norweger dieses Problem mit den ihnen zur Verfügung stehenden Materialien zu lösen.
Um zu verhindern, daß Wasser an der Schornsteinmauer entlang in das Dachinnere gelangt, versuchte man durch eingemauerte, herauskragende Steinplatten einen ausreichenden Schutz zu erhalten. Gleichzeitig wurde die Birkenrinde unterhalb dieser Platten hochkant verlegt, um das Wasser über das Dach zu lenken.
Entlang der Dachneigung wurden die Steinplatten treppenartig eingemauert, so daß das am Schornstein abfließende Regen- oder Schmelzwasser auf das Grasdach geleitet wurde.

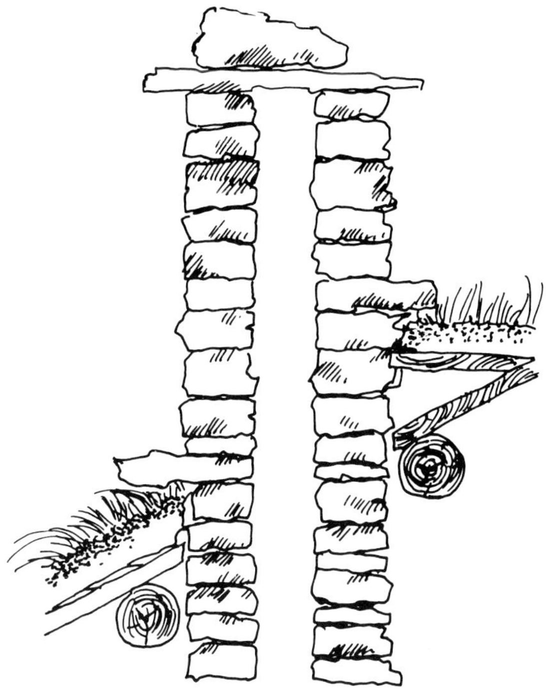

51 Dachabschluß am Schornstein

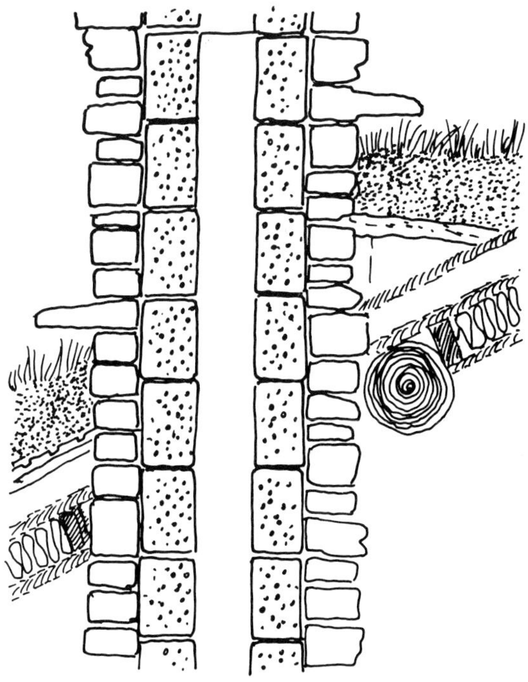

52 Dachabschluß am Schornstein mit modernem Material

• *Dachdeckung mit Birkenrinde und Grassoden*

Das Verlegen der Birkenrinde und das Aufbringen der Grassoden erfolgte in einem kombinierten Arbeitsgang. Da die Rinde lose überlappend verlegt wurde - eine Nagelung würde die Schindeln aufbrechen und damit wasserdurchlässig machen -, war eine sofortige Beschwerung durch Grassoden notwendig. Außerdem wollte man vermeiden, daß die vorgepreßten und vorgetrockneten Rinden brüchig wurden, was mit dem Auflegen der erdfeuchten Soden erreicht wurde.
Wie bei jeder Dachdeckung wird auch beim Grasdach an der Traufe begonnen. Von einer Giebelseite beginnend wurden die ca. 50 x 80 cm großen Rindenstücke parallel zur Traufe schindelartig verlegt und zwar so, daß von dem vorherigen Rindenstück maximal 10 bis 15 cm sichtbar blieben. Um einen ausreichenden Nässeschutz im Traufenbereich zu erhalten, wurden im unteren Dachbereich 8 bis 10 Lagen verlegt. An der Traufkante und den Giebelseiten wurden die Rinden mit einem Überstand von ca. 10 cm verlegt, um einen schnellen Wasserablauf und Holzschutz zu erreichen. Für diese Lagen wurden die Rindenstücke in ihrer natürlichen halbrunden Form belassen (s. Abb. 26) und mit der Außenseite nach oben ausgelegt.

Besondere Aufmerksamkeit wurde jenen Stellen an der Taufe gewidmet, an denen die Halterungen für den Sodenbalken bzw. das Sodenbrett befestigt wurden. Wie aus den Abbildungen 30 und 31 ersichtlich ist, wurden diese Halterungen nicht direkt auf der Dachschalung befestigt, sondern eine oder mehrere Rindenlagen dazwischen gelegt. Danach wurden die Halterungen mehrlagig abgedeckt.
In der traditionellen norwegischen Bauweise wurde der Sodenbalken vor dem Auflegen der Grassoden ebenfalls mit Birkenrinde geschützt.
Bei der späteren Verwendung von Sodenbrettern entfiel diese Abdeckung, da das Auswechseln des Brettes billiger war als der Erwerb von Birkenrindeschindeln.
Nach dem Verlegen der Birkenrinden und dem Auflegen des Sodenhalters wurde - an der Traufe beginnend - die erste Grassodenlage verlegt (Sodengröße ca. 35 x 50 cm).
Auf diese Weise setzte man das Verlegen der Birkenrinde und der Soden fort, wobei die erste Sodenschicht mit der Grasnarbe nach unten und die zweite Lage mit den Gräsern nach oben verlegt wurden.
Da der Firstbereich eines Grasdaches sehr erosionsgefährdet ist, wurden (und werden auch heute noch) hier firstüberlappende, bis 130 cm lange Grassoden verwendet. Dennoch hat man in Skandinavien die Erfahrung gemacht, daß diese Form der Firsteindeckung bei Dächern über 30° nicht ausreicht, sondern durch zusätzliche Schubsicherungen gehalten werden muß.

53 Mit Birkenrinde abgedeckte Sodenbalken

Interessant ist aber, daß die nordischen Grasdächer eine erstaunlich lange Lebensdauer haben. Dabei war natürlich entscheidend, daß die Birkenschindeln exakt überlappend verlegt wurden und möglichst wenig Zwischenräume zwischen den einzelnen Lagen entstanden, in die Wasser eindringen konnte.
Hilchen[14] berichtet von derartigen »Nässesperren« mit bis zu 16 Schichten übereinander! Ein derartiges Grasdach kann, wenn entsprechend dicke und schwere Soden die Rindenschicht fest gegen die Dachschalung drücken, 80 bis 100 Jahre überdauern. Diese lange Lebensdauer verkürzt sich bei abnehmendem Schichtaufbau. Ein sechslagiges Dach muß nach ca. vierzig Jahren neu gedeckt werden.
In den Grasdach-Richtlinien des Norwegischen Bauforschungs-Instituts wird eine Grasdachdicke von mindestens 15 cm empfohlen. Diese Grasdachdicke sei notwendig, um eine ausreichend hohe Wärmedämmung und Wasserspeicherung sowie Wurzelvolumen für die Vegetation zu erreichen.
Hinsichtlich der Sodenqualität wird davon ausgegangen, daß dünnere Grassoden eine höhere Festigkeit haben, da die Graswurzeln kräftiger und zahlreicher sind. Denn je stärker die Soden durchwurzelt sind, um so besser ist ihre Qualität bzw. Verwendbarkeit für die Grasdeckung. Das heißt auch, daß sie keine Erdstellen haben sollten und die Wiese, aus der sie herausgestochen werden, mindestens drei, besser fünf Jahre alt sein sollte.

Soden aus moorig-torfigen Wiesen werden nicht empfohlen, da diese einen zu hohen Wassersättigungsgrad haben. Werden dennoch derartige Soden auf dem Dach verarbeitet, besteht die Gefahr, daß die Pflanzen aufgrund mangelnden Wassernachschubs in kurzer Zeit verdorren. Als Folge würde die Erde auf dem Dach zerbröckeln, rutschen und vom Regen fortgeschwemmt werden[15]. Aus diesen Gründen empfiehlt das Institut, Grassoden aus alten Wiesen zu verwenden und diese möglichst zweilagig zu verlegen. Nach einer Vegetationsperiode sind die Wurzeln der oberen Lage in die untere hineingewachsen.

14 v. Hilchen, M., a.a.O., S. 31

15 v. Hilchen, M., a.a.O., S. 59

54 **Sodenbrett ohne Birkenabdeckung**

Konstruktionsmerkmale moderner Grasdächer

Aufgrund der arbeitsintensiven Herstellung und beschränkten Verfügbarkeit von Birkenrinde wurde dieses natürliche Material zu kostspielig für die Dachabdichtung von Grasdächern.
Neue Materialien wie Bitumendachpappe und Kunststoff-Folien ersetzten zunehmend die Birkenrinde.
Als sehr verwendungsfähig haben sich Kunststoffbahnen erwiesen, die sich seit Mitte der siebziger Jahre als Feuchtigkeits- und Durchwurzelungsschutz bewährt haben. Aufgrund des gewachsenen Interesses an Grasbedachungen gab das Norwegische Bauforschungs-Institut »Grasdachregeln« heraus, um diese alte Bedachungsform - trotz neuer Materialien - in ihrer historischen Bauweise zu erhalten.

Richtlinien des Norwegischen Bauforschungs-Instituts

Diese Richtlinien gelten für Dächer mit einer Mindestneigung ab 18° und sind sowohl für Neueindeckungen als auch für Renovierungen geeignet.
Die Dachfläche selbst, so empfiehlt das Institut, kann entweder mit 21 mm dicker Rauhschalung (max. 120 mm breit; Nut und Feder) oder Kreuz-Furnierplatten hergestellt werden. Seit einigen Jahren werden diese großflächigen Platten (1200 x 2400 mm) auch mit aufgeschweißten Bitumenbahnen angeboten, deren Stöße nach dem Verlegen mit einer 20 cm breiten Bitumenschweißbahn abgedichtet werden.
Unabhängig von der Dachfläche empfiehlt das Institut folgenden Dachaufbau (schematische Darstellung, s. Abb. 55):

55 Dachaufbau-Schema mit Kunststoff-Folie

Aus dieser Darstellung (Abb. 55) wird deutlich, daß die Dachschalung zunächst mit einer Bitumenbahn versehen ist, die das Traufende überlappt. Unterhalb des Sodenhalters ist eine Lage Birkenrinde gelegt, die von der Kunststoff-Folie bis zum Traufbalken abgedeckt wird. Die an der Traufkante verlegte Birkenrinde hat keine Nässeschutzfunktion, sondern ist lediglich eine ästhetische Bereicherung, die an die historische Gestaltung erinnert.
Die Empfehlung, das Dach mit einer Bitumenbahn abzudichten und mit einer zusätzlichen wurzelfesten Kunststoff-Folie abzudecken, läßt vermuten, daß die Norweger von der Wurzelfestigkeit der Bitumenbahnen nicht überzeugt sind; eine Vermutung, die durch Wurzelfestigkeitsuntersuchungen in Deutschland bestätigt worden ist.

Hinsichtlich der Verlegung von Dachteerbahnen werden folgende Hinweise gegeben:

— Die Dachpappe wird parallel zur Traufe ausgerollt und 6 cm unterhalb der Oberkannte mit verzinkten Dachpappe-Nägeln auf der Dachschalung befestigt.
— Die Nägel werden von der folgenden Lage überdeckt. Der überlappende Teil wird mit Bitumenkleber mit der darunterliegenden Lage verklebt (Überlappung 8 bis 10 cm).

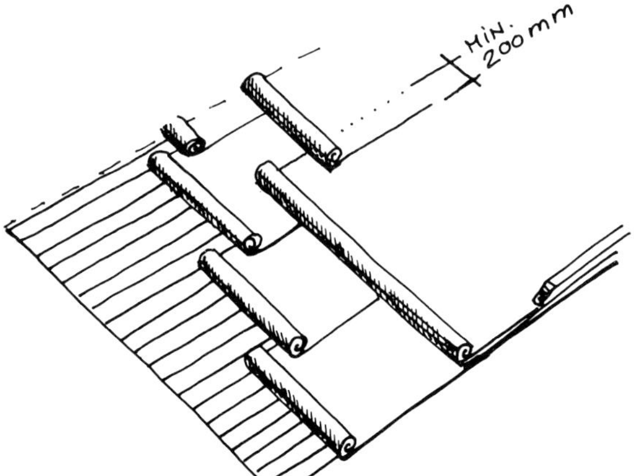

56 Verlegeschema für Dachteerpappe

— An der Traufkante und an den Giebelseiten ist die Teerpappe mit einem Mindestüberstand von 3 cm zu verlegen. Sinnvoller erscheint aber ein größerer Überstand, um die Teerpappe unterhalb der Dachschalung befestigen zu können.
— Der First ist »firstüberlappend« einzudecken.

Als Nässesperre und Wurzelschutz wird eine bitumenverträgliche Noppenfolie aus Hochdruckpolyäthylen (PEHD) in den Stärken 0,5 bis 0,7 mm empfohlen, die auch gegen Humussäure resistent ist. Die Noppenfolie wird deshalb empfohlen, da die Oberflächenstruktur ein Abrutschen der Soden mit verhindert.
Diese Noppenfolie (z. B. Platon-Grundmauerplatten) wird mit den Noppen nach unten verlegt und an der jeweiligen Oberkante mit Dachpappe-Nägeln befestigt. Mit einer Mindestüberlappung von 20 cm wird die nächste Bahn lose verlegt und ebenfalls an der Oberkante festgenagelt. Diese Überlappungsbreite gilt nur für Dächer mit einer Dachneigung über 25°; bei geringerer Dachneigung sind 25 cm vorzusehen. Ein Verschweißen oder Verkleben dieser Noppenbahnen wird nicht empfohlen. Möglicherweise unterblieb dieser Hinweis, da sich unterhalb der Noppenbahn Luftkammern bilden, die ein »kapillares« Aufsteigen von Wasser verhindern und damit einen Wurzeldurchwuchs ausschließen. (Siehe hierzu die Verlegeanleitung für Platon-Bahnen auf Seite 62, dort die Anmerkung 19.)
Die Sodenbretter oder Sodenbalken und die Windbretter sollten druckimprägniert sein, um eine möglichst lange Lebensdauer zu garantieren. Daneben werden verzinkte Nägel und korrosionsbeständige Winkeleisen (»Knechte«) empfohlen.
Dachdurchbrüche sollten nicht mehr mit Birkenrinde, sondern mit humussäurebeständigen Blechen (z. B. Blei oder Kupfer) verkleidet werden.

Wärmeisolierung und Hinterlüftung

Die Anforderungen an die Wärmeisolierung und Hinterlüftung macht das Bauforschungs-Institut von der Nutzung der Räume abhängig. Unbeheizte Räume wie Garagen und Geräteschuppen können, wie Abbildung 57 zeigt, ohne jegliche Isolierung gebaut werden.
Dieser einfache Grasdachaufbau (Abb. 57) kann problemlos auch für die Bedachung bewohnter Räume verwendet werden, wenn oberhalb der Wurzelschutzbahn trittfeste, überfälzte Dämmplatten ausgelegt werden.
Für hinterlüftete Grasdächer, die mit Mineralwolle isoliert werden, verwenden Bauherren in Skandinavien zunehmend 150 mm oder sogar 200 mm dicke Matten.

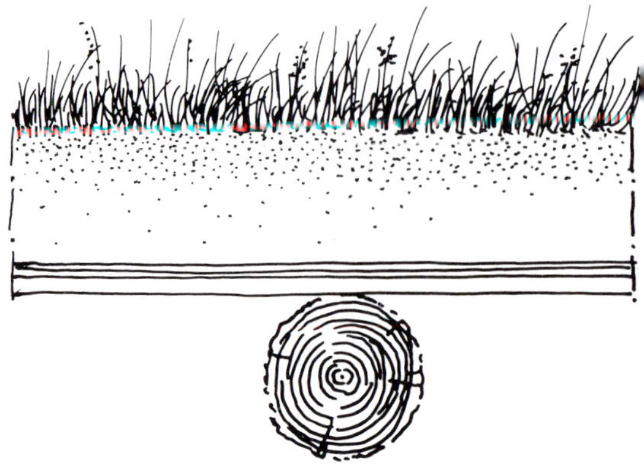

57 Aufbau eines Grasdaches über unbeheizten Räumen (Dachschalung, Bitumenbahn, Wurzelschutzbahn, Grassoden)

Für beheizte Räume empfiehlt das Bauforschungs-Institut eine belüftete Unterkonstruktion, also einen zweischaligen Dachaufbau:

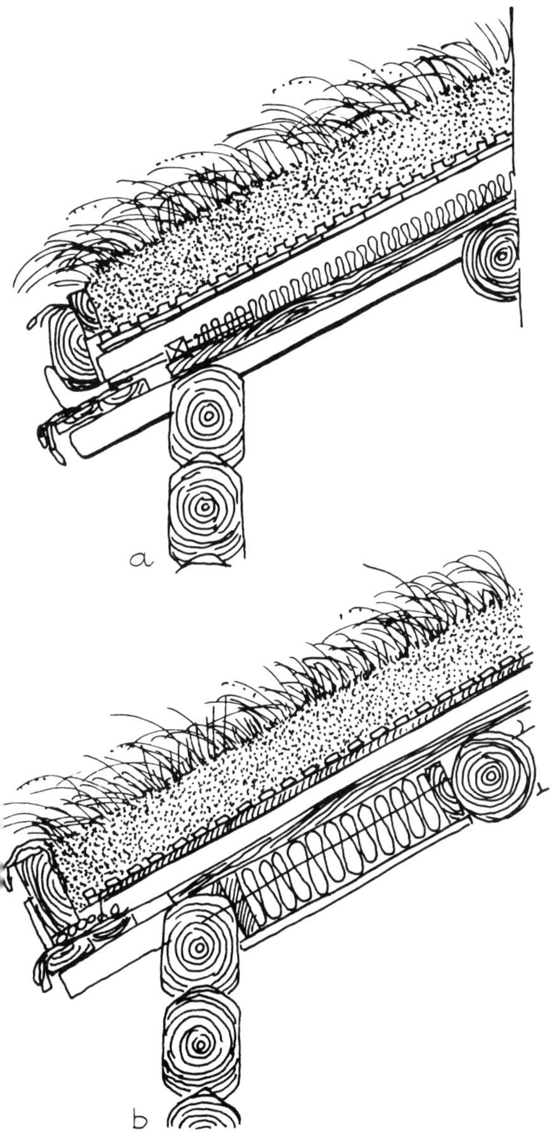

58 Schematische Darstellung eines hinterlüfteten Grasdaches (Luftzufuhr unterhalb der Traufe):
a mit oberseitiger Isolierung
b mit unterseitiger Isolierung

Soll das Dach giebelseitig hinterlüftet werden, wird die Bauweise nach folgendem Schema empfohlen:

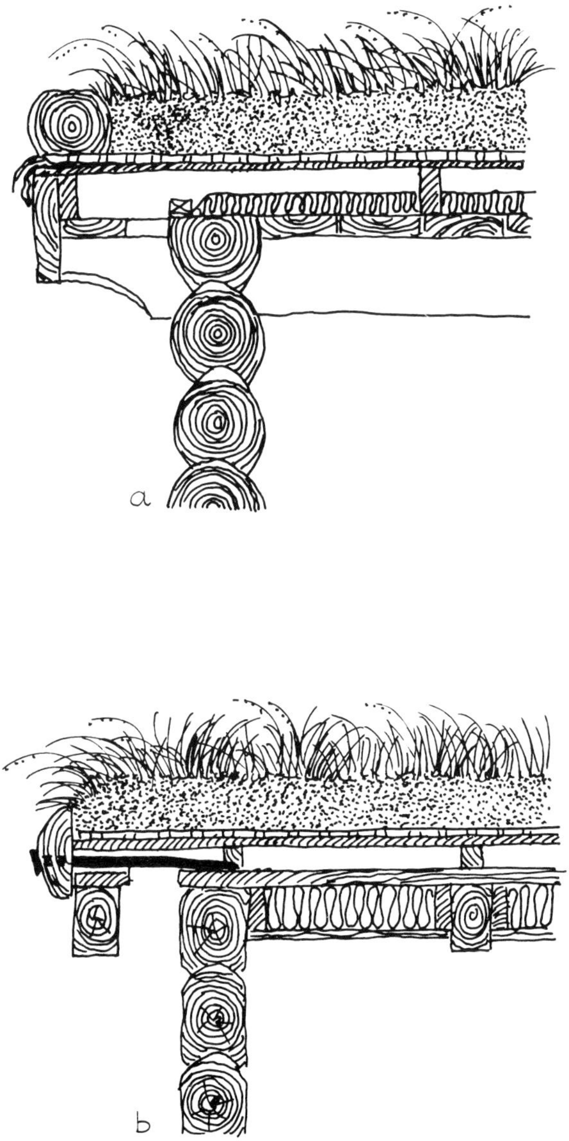

59 Grasdachaufbau mit giebelseitiger Hinterlüftung:
a mit oberseitiger Isolierung
b mit unterseitiger Isolierung

Dachdeckungsempfehlungen

Wie bereits erwähnt, besteht die »Dachhaut« unterhalb der Grasschicht aus der Teerpappenlage und der Wurzelschutzbahn. Die Folie selbst wird entweder gegen oder über die Windbretter gelegt. Die Grasdeckung kann entweder mit Grassoden erfolgen oder mit einem Erdsubstratgemisch vorgenommen werden, das mit Grassaat einzusäen ist.

Die Grassoden sind zweilagig zu verlegen. Statt der zweiten Lage kann auch eine Humusschicht aufgebracht werden.
Wird nur Erdsubstrat verwendet, so ist dieses nach der Einsaat zu verdichten.

60 An der Giebelseite hochgezogene Plastikfolie

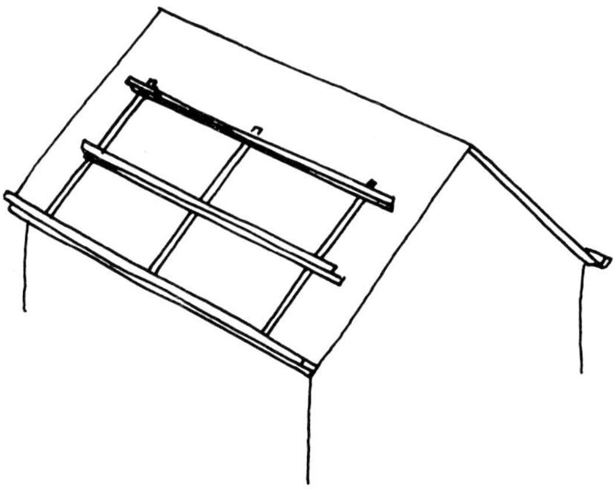

61 **Zusätzliche Schubsicherung (am Sodenbrett anliegendes Lattengerüst)**

- *Schubsicherung*

Um bei eingesäten Dächern die Erosion einzuschränken und ein Abrutschen zu verhindern, wird empfohlen, kunststoffbeschichteten Maschendraht firstüberlappend auf dem Erdsubstrat zu verlegen. Die Humusschicht sollte noch um 3 cm aufgefüllt und dann komprimiert werden.
Diese Schubsicherung wird aber auch für reine Sodendächer mit mehr als 23° Dachneigung empfohlen, wobei jene zwischen beiden Sodenlagen zu verlegen ist.
Für steilere Dächer wird zu einer zusätzlichen Schubsicherung geraten, die aus einem einfach herzustellenden Lattengerüst bestehen kann. Derartige Lattenkonstruktionen dürfen nicht durch die Deckung (Folie, Teerpappe, Dachschalung) befestigt werden, sondern müssen entweder mit dem Sodenbrett (oder Sodenbalken) oder über den First miteinander verbunden werden. Das hierfür verwendete Holz (Dachlatten oder Dachschalung) sollte nicht imprägniert sein, damit das Holz während des Durchwurzelns der Sodenfläche chemisch unbelastet vermodern kann.

• *Traufenausführung*

In Anlehnung an die traditionelle Traufengestaltung norwegischer Grasdächer empfiehlt das Bauforschungs-Institut folgende Alternativen:
Obwohl der freie Raum zwischen Sodenbrett (oder Sodenbalken) und Dachhaut einen ausreichenden Wasserablauf gewährleistet, werden dennoch Ablaufschlitze an der Unterkante des Sodenhalters empfohlen, die alle 15 bis 20 cm auszustemmen sind.
Um einen Wasserstau hinter dem Traufbalken zu verhindern, wird zwischen Sodenhalter und Soden eine grobkörnige Kieselschicht geschüttet.

Eine Regenrinne kann bei dieser Traufenkonstruktion entfallen, wenn stattdessen hinter dem Sodenbalken ein Dränagerohr verlegt wird, das das Wasser seitlich abführt. »Diese Konstruktion setzt aber voraus, daß die Kunststoff-Folie über den Sodenbalken gezogen wird, so daß sie hinter dem Balken eine Rinne bildet, die das Wasser auffängt und über das Drainagerohr ableitet.«[16]

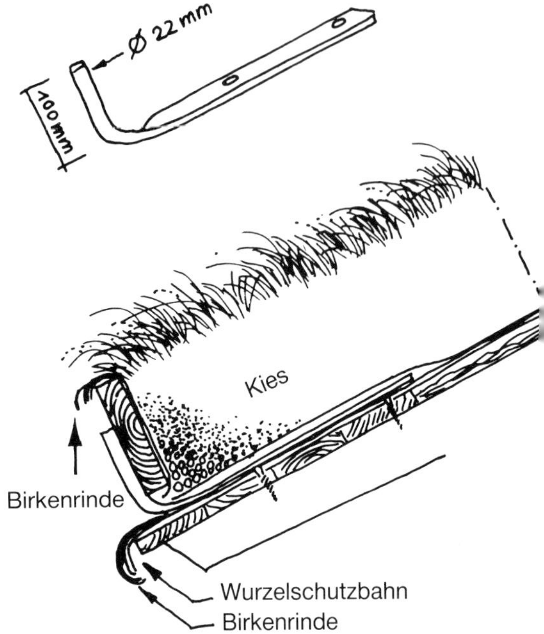

62 Das Sodenbrett wird von einem geschmiedeten »Knecht« gehalten. Trauf- und Sodenbrett sind mit Birkenrinde geschützt.

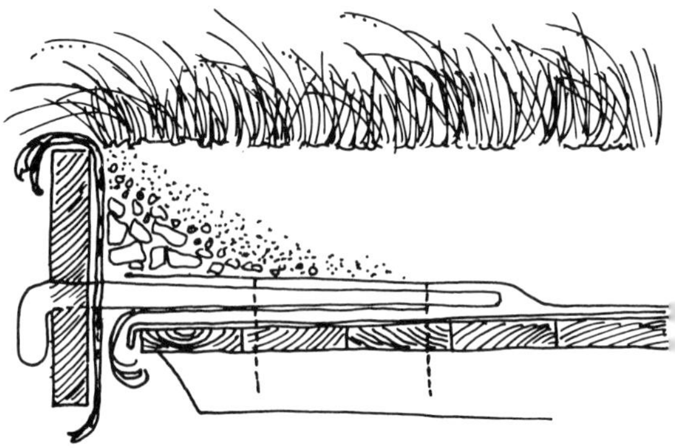

63 Der Sodenbalken wird von gewachsenen Holzhaken (z. B. Wacholder) gehalten.

16 Vgl.: v. Hilchen, M., a.a.O., S. 51

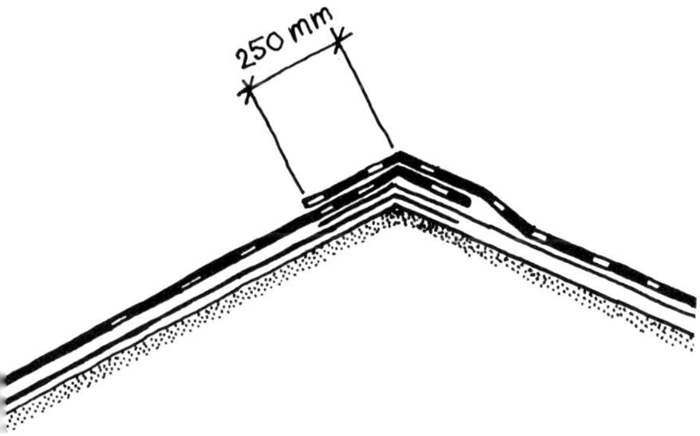

4 Überdeckung und Befestigung der Folie am First

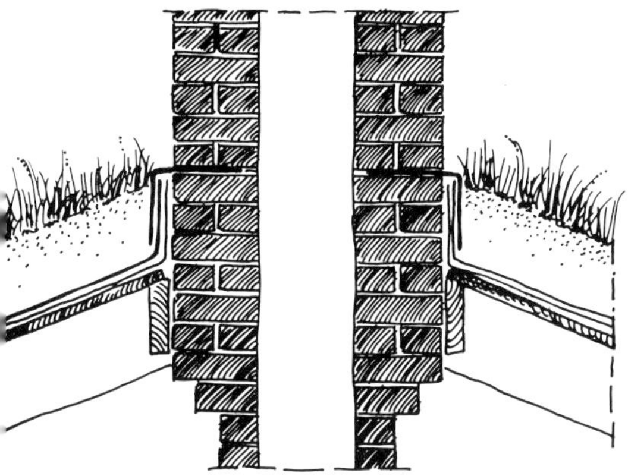

5 Abdichtung eines durch den First gebauten Schornsteins

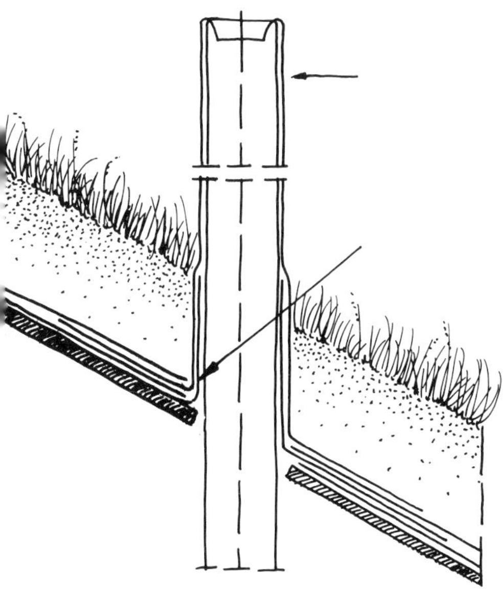

6 Abdichtung eines Lüftungsschachtes

- *First*

Um den Firstbereich ausreichend zu schützen, wird empfohlen, Dachpappe und Folie firstüberlappend zu verlegen. Die Dachpappe wird - wie bereits erwähnt - mit Bitumenkleber verklebt; falls Bitumenschweißbahnen verwendet werden, ist ein Verschweißen der Überlappungen mit einem Gasflammgerät notwendig.

- *Dachdurchbrüche*

Die Ummantelung des Schornsteins muß so ausgeführt werden, daß das Wasser allseitig über die Folie abfließen kann. Eine 1,5 mm dicke Bleiverkleidung kann hierfür verwendet werden.
Analog sind auch Abzugs- bzw. Lüftungskanäle abzudichten, wobei darauf zu achten ist, daß die »Schürze« im abfallenden Dachteil über der Plastikfolie und im aufsteigenden Teil unter die Folie verlegt wird.

• *Giebelabschluß*

Auch für den Giebelabschluß versucht das Norwegische Bauforschungs-Institut Alternativen aufzuzeigen, die historischen Vorbildern gerecht werden:
Die beidseitigen Rundbalken werden über dem First miteinander verbunden und an der Traufe am Sodenbalken gleicher Dicke befestigt.
Abbildung 70 zeigt eine einfache Windbrett-Giebelausführung, bei der die Dachpappe auch das Windbrett abdeckt und die Folie an der Brettinnenseite hochgezogen ist. Folie und Dachpappe werden entweder mit Birkenrinde oder humussäurebeständigem Blech ummantelt.
Eine sehr ursprüngliche Giebelausführung zeigt Abbildung 71, bei der die Giebelkante mit Felssteinen beschwert ist. Der traditionellen Ausführung entsprechend wird die Dachpappe mit Birkenrinde bedeckt.

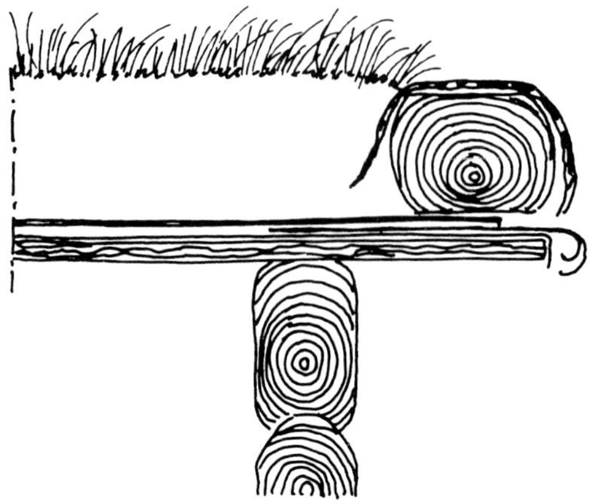

67 Giebel mit Rundbalken

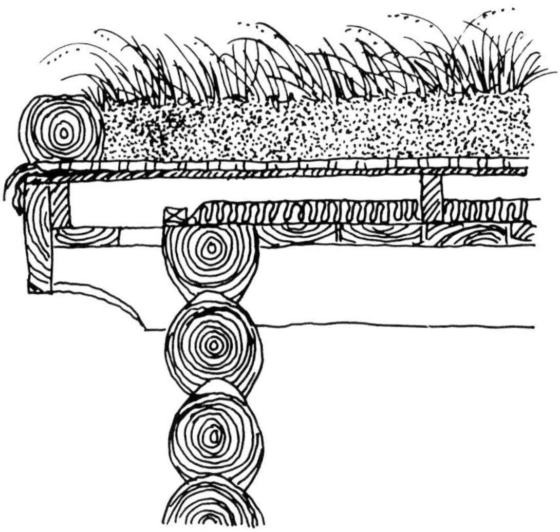

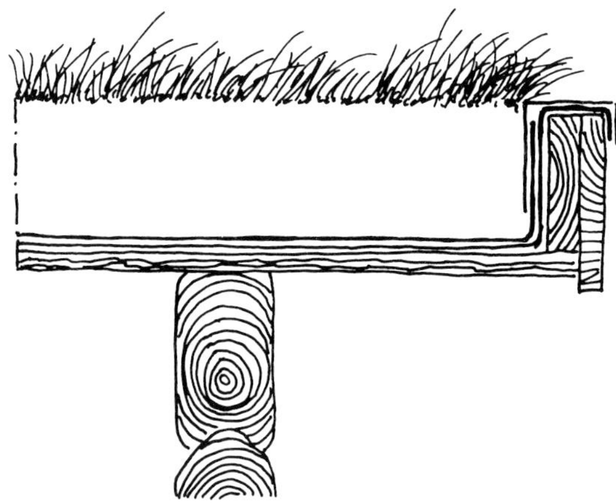

70 Windbrett-Giebelausführung

68, 69 Giebelabschlüsse hinterlüfteter Grasdächer mit Isolierung[17]

71 Giebelkante mit Felssteinen

17 Aus: »Gamle trehus«, a.a.O., S. 38

Moderne Grasdächer

- *Grasdächer mit historischen Details*

Das wiedererweckte Interesse an Grasdächern in Skandinavien und die Bereitschaft, neuentwickelte Materialien zu verwenden, hat dazu geführt, nicht nur ehemalige grasbedeckte Häuser wieder zu begrünen, sondern auch neue Architekturformen zu realisieren, die für eine Grasbedachung geeignet sind.

Die Abbildungen 72-77 lassen erkennen, daß Grasdächer nicht nur historischen Beispielen entsprechend entworfen werden müssen, sondern auch für neue Bauformen geeignet sind.

72, 73 Zwei Wohnhäuser auf den Färöer-Inseln

73 ▲

75 Zweifamilienhaus in Herdecke

◀ 74 Kongreßzentrum auf den Färöer-Inseln

Auffallend bei modernen Grasdachlösungen ist aber dennoch die Anlehnung an historische Detailkonstruktionen wie Sodenhalterung, Trau- fen- und Giebelgestaltung.

76, 77 Konstruktionsdetaills eines 1980 fertiggestellten Wohnhauses (Färöer)

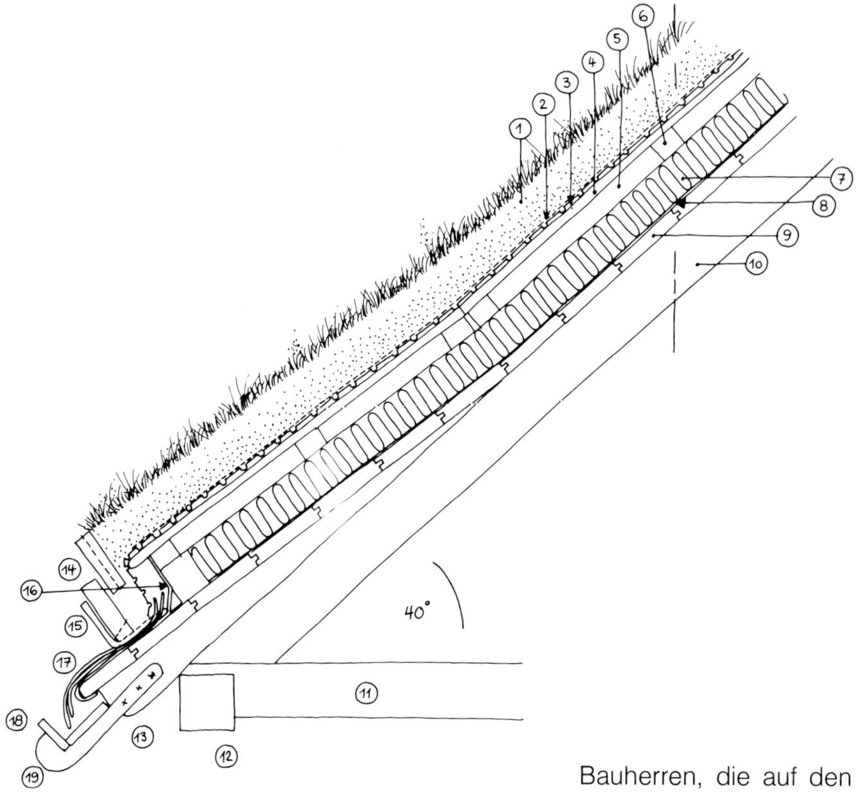

78 Schnitt: Dachfläche und Traufe

Bauherren, die auf den Färöer-Inseln ein Gras-dach-Wohnhaus im historischen Stil wünschen und einen dauerhaften Wurzelschutz sowie eine hohe Wärmedämmung fordern, wird eine Grasdachkonstruktion empfohlen, wie in den Abbildungen 78–81 vorgestellt[18].

79 Isometrische Darstellung der Dachtraufe

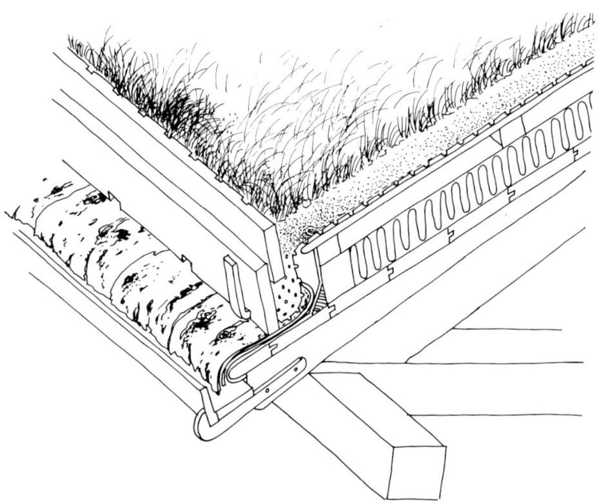

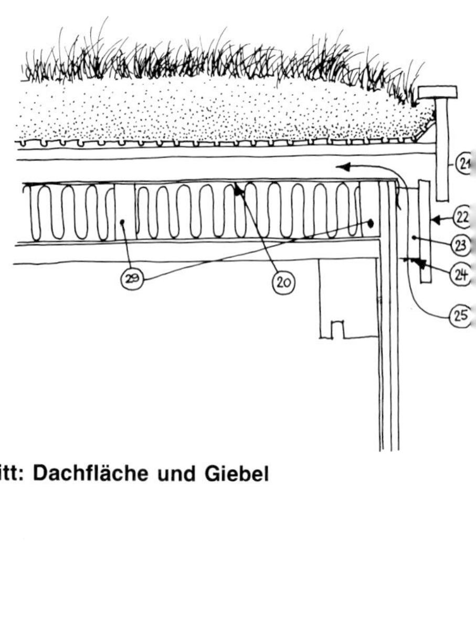

80 Schnitt: Dachfläche und Giebel

18 Architekt Runi Helgason Øster, Torshavn, Färöer (DK)

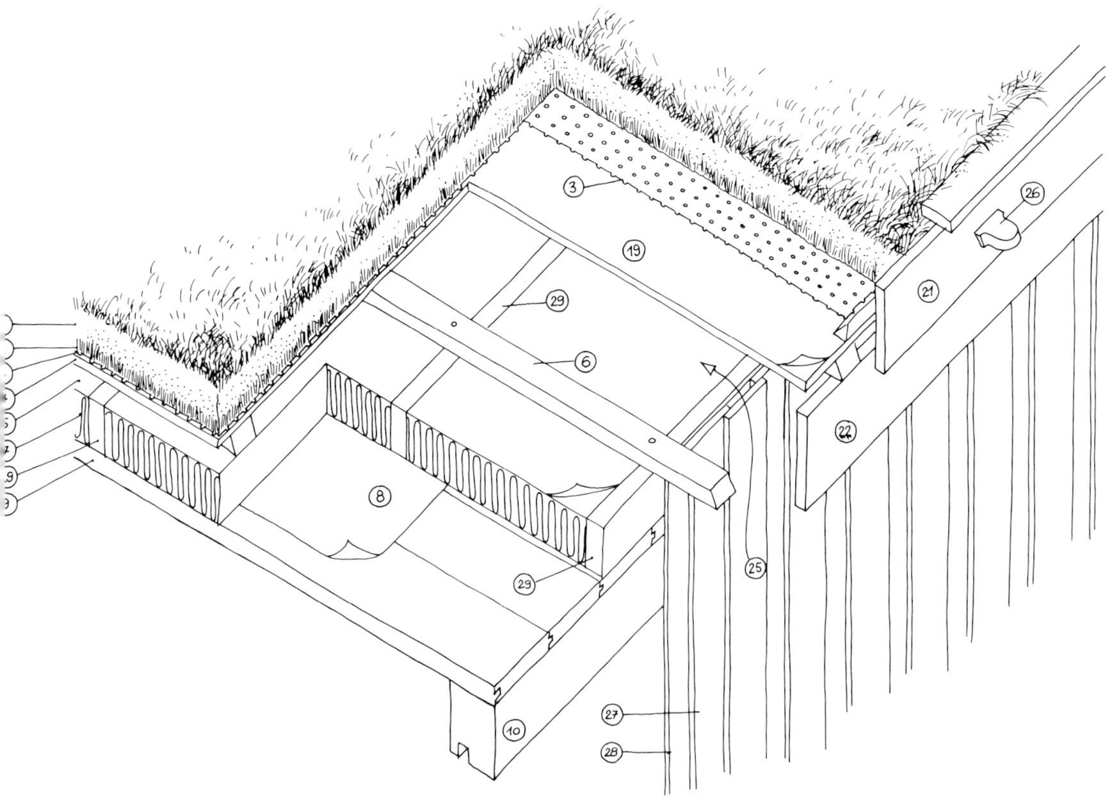

81 **Isometrische Darstellung (Dachschalung, Isolierung, Wurzelschutzbahn)**

Die Bestandteile im einzelnen:

1 Grassoden oder Erdsubstrat
2 Schubsicherungsgewebe
3 Wurzelschutzbahn (Noppenfolie)
4 Sperr-Furnier-Platten (19 mm)
5 Belüfteter Hohlraum (50 mm)
6 Dachlatte
7 Wärmedämmung (100 mm Mineralwolle)*
8 Dampfsperre
9 Dachschalung (210 x 40 mm)
10 Sparren (120 x 210 mm)
11 Dachbalken
12 Fußpfette

*** ab 1984 150–200 mm Dicke**

13 Aufschiebling
14 Sodenhalter
15 Winkelhaken für Sodenhalter
16 Zink- oder Bleiabdeckung
17 Birkenrinde
18 Regenrinne
19 Halterung für Regenrinne
20 Windsperre
21 Windbrett 1
22 Windbrett 2
23 Abstandhalter für Hinterlüftung
24 Insektensperre (Fliegengitter)
25 Hinterlüftung
26 Windbrett-Keil
27 Außenverkleidung (Deckelschalung)
28 Innere Außenverkleidung (Windsperre)
29 Kantholz (50 x 100 mm)

Dieser Entwurf (Abb. 78–81) entspricht dem sogenannten »Kaltdach«, bei dem zwischen unterer Dachschale (mit Wärmedämmung) und oberer Dachschale (Begrünung) ein be- und entlüfteter Hohlraum vorgesehen ist. Dadurch wird ermöglicht, daß der in den darunterliegenden bewohnten Räumen entstehende Wasserdampf durch die Dachschalung und Wärmedämmung (diffu-

sionsdurchlässig!) »diffundiert« und über die darüberliegende Luftschicht nach außen abgeführt wird.
Als Wärmedämmschicht sind dampfdurchlässige Dämmstoffe zu verwenden (Steinwolle, Mineralwolle etc.), deren Dämmwert 25% höher sein muß als bei einem vergleichbaren »Warmdach«. Da diese Konstruktion den norwegischen Richtlinien entspricht, wird in einem späteren Zusammenhang auf die deutschen Normen und Fachregeln des Dachdeckerhandwerks gesondert hingewiesen (s. Seite 74 ff.).
Die auffällig steile Dachneigung dieses Daches (Abb. 78) macht eine Schubsicherung erforderlich, die in diesem Fall mit Hilfe eines engmaschigen Fischernetzes erreicht werden soll.

Für den an handwerklichen Details interessierten Leser sollen einige praktische Ausführungen kurz erläutert werden:
Bei diesem Beispiel (Abb. 82-85) handelt es sich um ein grasbedecktes Wohnhaus (Färöer), dessen zweite Dachschale aus Wellasbestzementplatten bestand, die gegen Sperrfurnierplatten ausgetauscht werden sollten.
Für die Unterkonstruktion der mit Bitumenschweißbahn beklebten Sperrfurnierplatten wurden 8 x 15 cm starke Baulatten in einem 50 cm-Raster auf die erste Dachschale befestigt. Auf diese Unterkonstruktion wurden die Platten (19 mm) verlegt und mit verzinkten Nägeln befestigt.
Um die Stoßfugen und Nägel abzudichten, wurden 25 cm breite Bitumenschweißbahnstreifen auf Länge geschnitten und mit einem Gasflammgerät »aufgeschweißt«.

82 Teil der Unterkonstruktion

83 ▲

84 ▲

85 ▼

83 **Verlegte Sperrfurnierplatten**

84 **Zuschnitt der Bitumenstreifen**

85 **Aufschweißen der Bitumenstreifen**

86 Abdeckung des Sodenbrettes mit einem Folienstreifen

87 Befestigung der ersten Bahn

88 Hochziehen der Folie am Giebel (Windbrett)

89 Verlegen der Firstlage

Auf diese Dachhaut konnte nunmehr die wurzelfeste Noppenfolie in folgender Weise verlegt werden[19]:

Vor dem Auslegen der Dichtungsbahn müssen Sodenhalter und Windbretter montiert sein. Zwischen Sodenbrettunterkante und Dachhaut sollte ein Zwischenraum von 2 cm für den Wasserablauf vorgesehen sein. Zur Verarbeitung und Befestigung der Folie werden lediglich Hammer, Schere und Zollstock benötigt. Für die Überlappungen und Anschlußfugen wird vom Hersteller eine spezielle Fugenmasse empfohlen.

19 Die Verlegehinweise sind dem Autor von der A/S Platon, Notodden, Norwegen, zur Verfügung gestellt worden.

Der Arbeitsablauf im einzelnen:

Nachdem die mit Teerpappe eingedeckte Dachfläche gesäubert ist, wird an der Innenseite des Sodenbrettes ein Folienstreifen befestigt. Dieser Streifen hat die gleiche Breite wie das Sodenbrett.

Danach wird die erste Bahn mit den Noppen nach unten ausgelegt, wobei darauf zu achten ist, daß sie unter dem Sodenbrett bis zur Traufkante verlegt wird. Ist kein zusätzlicher Schutz für die Traufkante vorgesehen, sollte sie nach unten um die Traufkante gelegt und befestigt werden.

Ein Trennvlies zwischen der Noppenbahn und der Dachdichtungsbahn ist nicht erforderlich, da die Folie (chemisch) bitumenverträglich ist.

90 Zuschnitt der Schürze am Schornstein

91 Abdichtung der Schornsteinschürze mit Fugenmasse

92 Abdichtung der Schornsteinschürze auf der Dachfläche

93 Aufbringen des Erdsubstrats

An der Oberkante wird die Folie festgenagelt.
— An den giebelseitigen Windbrettern und ebenfalls an der Oberkante wird die Folie befestigt. Ein Meter breite Bahnen werden alle 20 cm, die Zwei-Meter-Bahnen alle 10 cm genagelt. Die Überlappung der Bahnen beträgt bei einer Dachneigung unter 25° ca. 25 cm; bei steileren Dächern sind 20 cm ausreichend.
— Im Firstbereich wird die Folie »firstüberlappend« verlegt und an den Giebelseiten entsprechend zugeschnitten. Obwohl der Hersteller empfiehlt, die Firstbahn beidseitig mit Nägeln zu befestigen, die dann mit einer Fugenmasse versiegelt werden, hält der Autor es für sicherer, wenn die Firstlage lose verlegt und giebelseitig befestigt wird. Die beidseitigen Überlappungen sollten - wie bei den übrigen Überlappungen auch - mit einer chemisch verträglichen, wurzelfesten Fugenmasse verklebt werden.
— Ganz besondere Aufmerksamkeit ist den Dachdurchbrüchen zu widmen, wobei darauf zu achten ist, daß allseitig eine Folienschürze hochgezogen und mit Blei- oder Kupferblech abgedichtet wird.
— Nach dem Verlegen und Abdichten der Wurzelschutzbahn werden entweder Grassoden zweilagig oder ein Erdsubstratgemisch aufgebracht. Um mechanische Schäden während des Aufbringens des Erdsubstrates zu vermeiden, ist es ratsam, Schonwege anzulegen. Hierfür eignen sich Filz- oder Teppichreste.

• *Grasgedecktes Kongreßzentrum*[20]

Die jahrhundertealte Grasdach-Tradition der Norweger wird zunehmend von jungen Architekten in neuen Bauformen variiert. Dabei wird versucht, Konstruktionsformen für Grasdächer zu realisieren, die trotz des Einsatzes moderner Bautechnologien und -materialien der jeweiligen Landschaft angepaßt sind.
Eines der sicherlich interessantesten Beispiele dieser »Grasdach-Architektur« ist das Nordulanda Husid in Torshavn auf den Färöer-Inseln, das 1983 fertiggestellt wurde.
Von besonderem Interesse sind aber nicht nur die landschaftsbezogene Architektur, sondern die Konstruktionsdetails und der Dachaufbau.

Das sicherlich auffälligste Detail ist die Konstruktion und Befestigung des umlaufenden Sodenbalkens und der Regenrinne, die von einer gebäudefreien Stahlkonstruktion gehalten werden. Diese Konstruktion hat den Vorteil, daß die Dachhaut (Dichtungs- und Wurzelschutzbahn) bis an das Traufende plan verlegt werden kann, ohne daß auf Befestigungselemente des Sodenhalters Rücksicht genommen werden muß.

94 Giebel- und Traufenkonstruktion

20 Nordulanda Husid, Torshavn/Färöer (DK); Architekt: Ola Steen, Trondheim, Norwegen

95 Moderne Traufenkonstruktion mit hölzernem Dachrinnenablauf ▶

96, 97 Traufendetails des Nordulanda Husid:
- Sodenbalken aus wasserfest verleimtem Leimbinder
- Heißluftverschweißte Wurzelschutzbahn
- Hölzerne Dachrinne (druckimprägnierte Schnittware)

97

Die Schnittzeichnungen 98 a und b zeigen den detaillierten Dachaufbau.

Der Dachaufbau von oben nach unten:

— Grasdach, bestehend aus zwei Lagen Grassoden, wobei die untere Lage mit der Grasnarbe nach unten und die zweite Lage mit den Gräsern nach oben verlegt wurden. Mit dieser Doppellage wird die Erosion erheblich eingeschränkt, die Wärmespeicherfähigkeit erhöht und gleichzeitig eine Dränage für das ablaufende Wasser der oberen Lage erreicht.
— Schubsicherung zwischen beiden Sodenlagen aus Fischernetzen (Maschengröße 8 cm)
— Dichtungs- und Wurzelschutzbahn (Sarnafil)[21]
— Trenn- und Schutzlage[22]
— Leichtbetondecke
— Filterkies fein[23]
— Filterkies grob[24]
— Filtervlies (zum Auffangen von Humusteilchen und Kieselsteinen)

Nach Auskunft des Herstellers muß der Untergrund bei direktem Kontakt mit der Dichtungsbahn Sarnafil öl-, bitumen- und teerfrei sein; anderenfalls ist eine Trennschicht aus Kunstfaserfil (Gewicht ca. 300 g/m²) erforderlich. Bei der Verwendung auf Holzschalungen wird vorausgesetzt, daß diese nur mit Salzlösungen imprägniert wurden.

21 Sarnafil ist eine lichtbeständige (UV-beständige) polyestergewebeverstärkte Weich-PVC-Bahn, die auf dem Dach heißluftverschweißt wird.
22 Die Schutzlage, ein Kunstfaservlies, verhindert mechanische Beschädigungen der Dichtungsbahn bei rauher Oberflächenbeschaffenheit der Leichtbetondecke.
23 Die Kiesschüttung verhindert einen Wasserstau hinter dem Sodenbalken und eine zu starke Moosbildung.
24 Wie Anm. 23

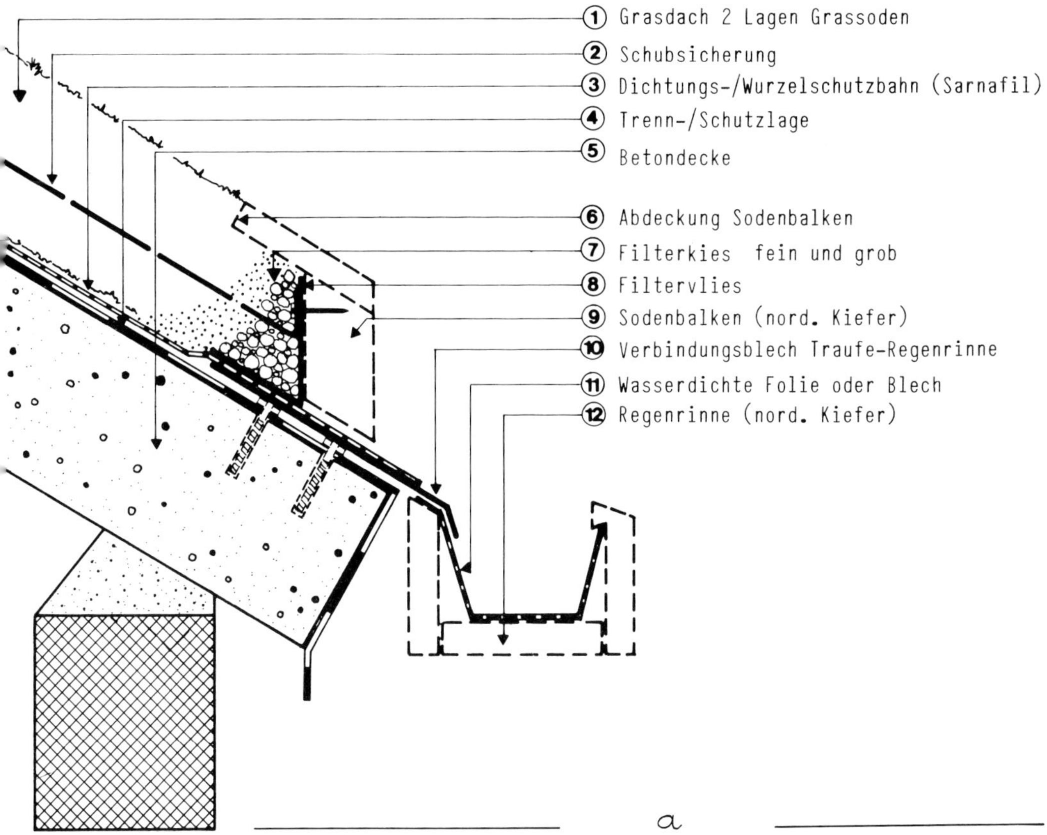

98 Schnitt Traufe:
a geneigtes Dach
b Flachdachteil

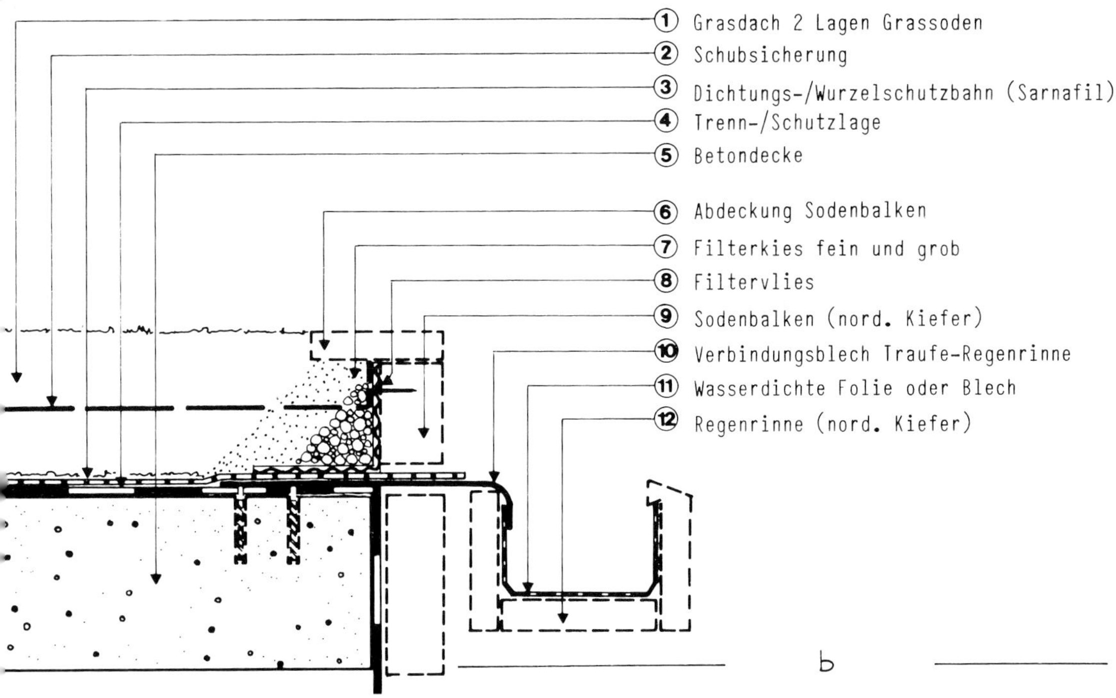

99–103 Grasdachwohnhäuser der Norweger-Haus-Siedlung in Hamburg-Ohlstedt, Baujahr 1943, Zustand März 1993

• *Die »Norweger-Haus-Siedlung« in Hamburg*

Bevor wir auf die in der Bundesrepublik geltenden Planungsgrundlagen für Grasdächer eingehen, soll noch kurz auf eine Grasdachsiedlung hingewiesen werden, die seit über vierzig Jahren in Norddeutschland besteht[25].

Diese Wohnanlage besteht aus Ein- und Zweifamilienhäusern, die während des Zweiten Weltkrieges in Norwegen nach historischen Vorbildern in Holzblockweise hergestellt und im Norden Hamburgs aufgestellt wurden (1943).

Die Abbildungen 99–103 lassen erkennen, wie organisch Grasdächer in die Landschaft integriert werden können.

Interessant ist aber auch, daß die originalen Detailkonstruktionen z. T. noch erhalten sind (s. auch Abb. 45).

Der Dachaufbau besteht aus einer Nut- und Feder-Dachschalung, die mit drei- bis fünflagigen Bitumendachbahnen abgedeckt ist. Vereinzelt sind auch Dächer mit doppellagigen Bitumenbahnen gedeckt worden, in die Aluminiumfolien eingeschweißt waren.

Auf diesen Dachdichtungen wuchs die Wildblumen- und Wildgräser-Vegetation teilweise seit zwanzig Jahren, ohne daß Durchwurzelungsschäden eingetreten sind.

In Gesprächen mit Hauseigentümern dieser Siedlung wurden übereinstimmend das angenehme Hausklima (»im Sommer kühl«, »im Winter warm«) und die vergleichsweise niedrigen Heizkosten hervorgehoben.

25 Norweger-Haus-Siedlung, Hamburg-Ohlstedt

100

101 Grasdachvegetation auf einem Norweger-Haus im Frühjahr

Zu Seite 73:
102 Traufenausbildung mit Rundholzdachrinne

103 Winkelbungalow mit Grasdach

102 ▲

103 ▼

Planungsgrundlagen für die Grasdachbegrünung

Bauliche Planungsgrundlagen

Seit einigen Jahren werden in der Bundesrepublik Dachbegrünungs- und Grasdach-Systeme angeboten. Trotz ihrer z.T. recht unterschiedlichen Begrünungsalternativen und baulichen Voraussetzungen, liegen beiden Systemangeboten gemeinsame ausführungstechnische Bedingungen zugrunde.
Zu diesen Planungsgrundlagen gehören einerseits die »Fachregeln des Dachdeckerhandwerks«[26], insbesondere die »Richtlinien für die Planung und Ausführung von Dächern mit Abdichtungen (Flachdach-Richtlinien)« und in enger Verbindung damit die DIN 18195 »Bauwerksabdichtungen«[27].
Darüber hinaus können für den vegetationstechnischen Teil die »Grundsätze für Dachbegrünungen«[28] herangezogen werden.

• *Dachaufbau*

Grundsätzlich werden zwei Dachaufbauten unterschieden: das einschalige, unbelüftete Warmdach und das zweischalige, belüftete Kaltdach. »Beim nichtbelüfteten Dach grenzen alle Schichten unmittelbar aneinander und bilden in ihrer Gesamtheit eine ›Schale‹, während beim belüfteten Dach zwischen den Bauteilen eine Luftschicht liegt, die mit der Außenluft in Verbindung steht. Nichtbelüftete wie auch belüftete Dachkonstruktionen sind bei allen Dachneigungen möglich . . .«[29]

26 »Fachregeln des Dachdeckerhandwerks«, Helmut Gros Fachverlag, Berlin (Nachdruck 1990), darin enthalten die Flachdach-Richtlinien
27 Beuth Verlag, Berlin
28 »Grundsätze für Dachbegrünungen«, Hrsg.: Forschungsgesellschaft Landschaftsentwicklung - Landschaftsbau (Leitung: H. J. Liesecke), Bonn 1982

29 Zapke, W., »Konstruktionsmerkmale von Dächern unter bauphysikalischen Aspekten«, in: Bauforschung und Baupraxis, Hrsg.: Institut für Bauforschung, Hannover 1983, Heft 4, S. 238

- *Das Warmdach*

Bei diesem Dachtyp bildet die oberste Geschoßdecke gleichzeitig die Dachdecke, die die statisch tragende Funktion übernimmt. Nach den Flachdach-Richtlinien kann diese Dachdecke aus folgenden Materialien bestehen:
— Betondecken (Ortbeton)
— Betonfertigteile
— Stahltrapezprofile
— Sparrendach mit Holzschalung oder Span- bzw. Baufurnierplatten[30]

Der Schichtaufbau eines Warmdaches von unten nach oben[31]:
— Dachdecke
— Trenn- und Ausgleichsschicht
— Dampfsperre
— Wärmedämmung
— Dampfdruckausgleichsschicht oder Trennschicht
— Dachabdichtung (und Wurzelschutz)
— Nutzschicht (Begrünung)

Die Schichten im einzelnen:
Besteht die Dachdecke aus Beton oder Betonfertigteilen, ist ein Voranstrich erforderlich, der die Staubteile bindet und die Haftfähigkeit der Klebemittel verbessert. Besteht die Deckunterlage aus einer Holzschalung, darf diese nicht mit Schutzmitteln behandelt sein, die den Dachaufbau (chemisch) schädlich beeinflussen. Ansonsten ist eine Trennlage aufzubringen. Die gleichen Anforderungen gelten auch bei der Verwendung von Span- und Baufurnierplatten[32].

Die *Trenn*- und *Ausgleichsschicht* hat die Aufgabe, Schwindungs- und Spannungsrisse in der Tragkonstruktion zu überbrücken und die Dampfsperrschicht gegen rauhe Oberflächenbeschaffenheit und chemische Einwirkungen zu schützen.
Die hierfür geeigneten Materialien sind[33]:
— Lochglasvlies-Bitumenbahnen
— Trennlagen aus Polyäthylenfolie, Polyesterfilz, Schaumstoffmatten, Ölpapier und Natronkraftpapier

Die *Dampfsperre* verhindert, daß aus darunterliegenden Räumen Wasserdampf in die Wärmedämmschicht eindringt (diffundiert) und unter der Dachabdichtung (Dachhaut) kondensiert.
Sie ist ein entscheidendes Element für die Funktionsfähigkeit eines Warmdaches, deren Fehlen sich verheerend auf die Dachschichten auswirken kann. Deshalb wird in den Flachdach-Richtlinien empfohlen, bei nicht durchlüfteten Dächern in jedem Fall eine Dampfsperre vorzusehen.
Als Dampfsperren sind geeignet:
— Bitumenschweißbahn (4 mm dick, mit Glasvlies und Metallbandeinlage)
— Bitumenschweißbahn (nach DIN 52131)
— Bitumen-Dachdichtungsbahnen (DIN 52130)
— Glasvlies-Bitumendachbahnen (DIN 52143)
— Hochpolymere Kunststoff-Folien
Die Dampfsperre wird je nach Material lose aufgelegt, punkt- oder streifenweise verbunden oder vollflächig aufgeklebt und an den Anschlüssen über die Dämmschicht hochgezogen.

30 Besteht der Dachaufbau aus einer Sparrenkonstruktion mit Holzschalung oder Plattenmaterial (was für geneigte Grasdächer überwiegend in Frage kommt), ist die DIN 1052 »Holzbauwerke«, Teil 1 zu beachten, wenn sie statische Funktionen zu übernehmen hat.
31 »Fachregeln des Dachdeckerhandwerks«, a.a.O., S. 9 ff.
32 Flachdach-Richtlinien, a.a.O., S. 16–17
33 Flachdach-Richtlinien, a.a.O., S. 18

Die *Wärmedämmschicht* eines Warmdaches muß nach der Wärmeschutzverordnung und der DIN 4108 dimensioniert sein und gemäß den Flachdach-Richtlinien temperatur- und formbeständig, unverrottbar, trittfest und maßhaltig sein. »Zur Vermeidung von Schäden durch statische und dynamische Beanspruchungen werden vorzugsweise Hartschaumplatten nach DIN 18164 eingesetzt, als gefalzte Platten der Anwendungstype WD.«[34]

Diese Anforderungen werden von folgenden Dämmplatten erfüllt[35]:

- Polystyrol-Partikelschaum
- Polystyrol-Extruderschaum (DIN 18164)
- Polyurethan-Hartschaum
- Phenolharz-Hartschaum
- Faserdämmplatten (DIN 18165)
- Back-Kork (DIN 18161)
- Korkimprägniert (DIN 18165)
- Schaumglas (DIN 18174)

Das Plattenmaterial sollte deshalb mit einem Stufenfalz versehen sein, um einen Wärmeverlust im Fugenbereich zu verhindern. Darüber hinaus dürfen nur die Dämmstoffe verwendet werden, für die eine bauaufsichtliche Zulassung vorliegt und die nicht leicht entflammbar sind.

Die *Dampfdruckausgleichsschicht* hat die Aufgabe, den in und über der Wärmedämmung durch eingeschlossene Feuchtigkeit entstandenen Dampfdruck auszugleichen und abzuführen. Bei der Verwendung von Dämmstoffen aus Mineralfasern kann darauf verzichtet werden, da der Dampfdruckausgleich im Dämmstoff erfolgt.

Eine *Trenn-* oder *Ausgleichsschicht* ist allerdings dann erforderlich, wenn Dämmplatten verwendet werden, deren temperaturbedingte Längenänderung schädigend auf die Dachabdichtung einwirken kann (z. B. extrudierte Polystyrol-Hartschaumplatten), oder wenn eine chemische Unverträglichkeit zwischen Wärmedämmschicht und Dachdichtungsbahn vorliegt.

Die *Dachabdichtung* kann mit Bitumenbahnen oder hochpolymeren Kunststoffdachbahnen erfolgen. Werden Bitumenbahnen als Dachabdichtung unter der Wurzelschutzbahn verwendet, sollten diese mit einer Trägerlage aus Gewebe oder Polyesterfaservlies verbunden sein[36].

Zu den Dachabdichtungen aus hochpolymeren Kunststoffbahnen gehören nach DIN 18195, Teil 2:

- Polyisobutylen-Bahnen (PIB)
- Polyvinylchloridweich-Bahnen (PVC) (bitumenbeständig / PVC-weich)
- Polyvinylchloridweich-Bahnen (PVC) (*nicht* bitumenbeständig)
- Ethylencopolymerisat-Bitumenbahnen (ECB)

Werden Kunststoffbahnen über oder unter Schichten aus chemisch nicht verträglichen Werkstoffen verlegt, sind geeignete Trennschichten aufzubringen (z. B. Polyesterfaservlies 150 g/m^2).

Bei mechanischer Gefährdung der Dichtungsbahn durch rauhe Untergrundflächen wird ebenfalls eine Schutzlage empfohlen.

34 Ebbers, J., »Abdichtungen begrünter Dachdecken mit Hochpolymerbahnen«, in: Das Dachdecker-Handwerk Nr. 3, 1983, S. 22

35 Gilt nicht für Dächer mit erhöhter Druckbelastbarkeit (z. B. Parkdecks etc.)

36 Hinsichtlich der Verarbeitung von Dachdichtungsbahnen wird auf die Flachdach-Richtlinien und DIN 18195, Teil 5 hingewiesen.

• *Das Kaltdach*

Das zweischalige, durchlüftete Kaltdach benötigt keine Dampfsperre, da der diffundierende Wasserdampf über die Hinterlüftung an die Außenluft abgegeben wird.
Der Schichtaufbau (von unten nach oben):

Erste Dachschale	— Dachdecke mit statisch tragender Funktion — Wärmedämmung — Luftschicht / Lüftungsraum
Zweite Dachschale	— Dachdecke (Dachschalung, Span- oder Baufurnierplatten)[37] — Dachhaut / Dachabdichtung — Nutzschicht (Grasvegetation)

Für das durchlüftete Dach, bei dem die Dämmschicht nicht direkt belastet ist, sind dampfdurchlässige Dämmstoffe der Anwendungstype W (nicht druckbeanspruchte Dämmstoffe) mit einer Rohdichte von mindestens 15 kg/m³ zulässig (Hartschaumplatten, Stein- und Mineralwolle, Kork etc., lose verlegt).
Der Dämmwert soll etwa 25% höher sein als beim Warmdach.
Die Zu- und Abluftöffnungen der Luftschicht müssen so bemessen sein, daß durch den zu erwartenden Luftaustausch der anfallende Wasserdampf abgeführt wird. Sie sollen aber nicht zu groß gewählt werden, da dann die Gefahr einer Auskühlung und Durchfeuchtung besteht.
Nähere Hinweise für die Planung zur Be- und Entlüftung sind den Flachdach-Richtlinien[38] zu entnehmen.

37 Für Grasdächer
38 Flachdach-Richtlinien, a.a.O., Anhang 1, S. 56 f.
39 »Isofloc«-Dämmplatten, Ökologische Bautechnik, Kassel
40 Flachdach-Richtlinien, a.a.O., S. 28
41 Vgl.: Götze, H., »Praktische Erfahrungen mit dem Umkehrdach«, in: Deutsche Bauzeitung Nr. 4, 1979

• *Das Umkehrdach*

Neben den obengenannten Dachtypen werden für die Grasdachkonstruktion zunehmend »Umkehrdächer« eingesetzt.
Bei diesem »umgekehrten Dachaufbau« liegt die Wärmedämmschicht *über* der Dachabdichtung und hat folgenden Schichtaufbau:
— Dachdecke (bei Grasdächern in der Regel Holzschalung, Span- oder Baufurnierplatten)
— Dachdichtung
— Wärmedämmung
— Vegetationsschicht

Als Dämmstoffe dürfen nur Materialien verwendet werden, die für diesen Zweck zugelassen sind. Dazu gehören beispielsweise extrudierte Polystyrol-Hartschaumplatten (s. Seite 76). Organische Wärmedämmplatten aus Zellulose (Altpapier und mineralische Salze) sind seit 1984 verfügbar[39].
Die Dämmstoffe für das Umkehrdach dürfen keine Feuchtigkeit aufnehmen, müssen frostbeständig, trittfest, maßgenau, formbeständig und verrottungssicher sein[40].
Die Dämmplatten werden einlagig lose verlegt.
Für die Grasdächer wird empfohlen, zwischen Dämmschicht und Erdsubstrat eine diffusionsoffene Filtermatte (z. B. Polyesterfaservlies 150 bis 180 g/m²) zu verlegen, um das Unterschwemmen der Dämmplatten mit Humusteilen zu verhindern.
Ein wesentlicher Vorteil des Umkehrdaches besteht darin, daß durch die obenliegenden Dämmplatten die Dachdichtungsbahn wirkungsvoll vor *mechanischen* und *thermischen* Beanspruchungen geschützt wird[41].
Eine Kombination aus Warmdach und Umkehrdach ist das sogenannte »Duo-Dach«, bei dem sowohl über als auch unter der Dachabdichtung eine Wärmedämmschicht angebracht ist.
Dieses System ist nach den Flachdach-Richtlinien auch zur Verbesserung des Wärmeschutzes bestehender Dachkonstruktionen anwendbar.

Vegetationstechnische Planungsgrundlagen

• *Schichtaufbau für Dachbegrünung*

Nach den »Grundsätzen für Dachbegrünungen«[42] werden folgende Aufbauschichten unterschieden (von oben nach unten):
— Vegetationsschicht
— Filterschicht
— Dränschicht
— Wurzelschutzschicht
— Trenn- bzw. Schutzschicht
— Dachdichtung
— Dachdecke

Liesecke[43] ordnet diesen Schichten folgende Funktionen zu:
Die *Vegetationsschicht*, ein Erdsubstratgemisch, bildet die Grundlage für das Pflanzenwachstum. Sie soll einsickerndes Wasser speichern und Überschußwasser an die Dränschicht abgeben. Gleichzeitig dient sie als Klimapuffer für darunterliegende Räume. Die Schichtstärke sollte mindestens 8 cm betragen.
Die *Filterschicht* soll verhindern, daß feine Boden- oder Substratteile aus der Vegetationsschicht in die Dränschicht eingeschlämmt werden und die Wasserdurchlässigkeit dieser Schicht beeinträchtigen. Diese Filterfunktion wird in der Regel mit feinmaschigen, nicht verrottbaren Kunststoffgeweben erreicht.
Die *Dränschicht* ist überwiegend für Flachdächer erforderlich und soll aufgrund ihres Hohlraumvolumens das Überschußwasser der Niederschläge aufnehmen und den Dacheinläufen (nur bei Flachdächern) oder der Traufen-Dränage (geneigte Dächer) zuführen, um Staunässe zu vermeiden.

Für Grasdächer mit einer Dachneigung über 18° ist eine Filterkiesschüttung im Traufenbereich ausreichend (Dränagekies).
Die *Wurzelschutzschicht* (Wurzelschutzbahn) hat mechanische Beschädigungen der Dachabdichtung durch Wurzelwuchs zu vermeiden.
Die *Trennschicht* oder Trennlage soll eine Trennung zwischen chemischer Unverträglichkeit der Wurzelschutzbahn und der Dachdichtungsbahn bewirken. Bei rauher Oberflächenbeschaffenheit der Dachdichtung oder Dachdecke / Dachschalung sollte eine Schutzlage die Wurzelschutzbahn vor mechanischen Beschädigungen sichern.

• *Schichtaufbau für Grasdächer*

Die bereits erwähnten skandinavischen Grasdachbeispiele, aber auch Grasdächer deutscher Systemanbieter (s. Seite 90 ff.) zeigen, daß diese Bedachungsart relativ problemlos hergestellt werden kann, wenn folgende Bedingungen erfüllt werden:
— Dachneigung zwischen 18 und 27°
— Statisch ausreichende Unterkonstruktion und
— fachgerechte Dachabdichtung mit Wurzelschutz

42 Die Hinweise beziehen sich im wesentlichen auf die Begrünung von Flachdächern.
43 Liesecke, H. J., »Grundsätze für Dachbegrünung«, a.a.O., S. 23 ff.

• *Dachdichtung und Wurzelschutz*

Zur Dachabdichtung können - wie bereits erwähnt - Bitumen- und Kunststoffbahnen verwendet werden. Als Bitumenbahnen eignen sich die in der DIN 18190 und DIN 52131 genannten Werkstoffe. Von den Kunststoffdichtungsbahnen eignen sich (nach DIN 18195) PIB-, ECB- und PVC-weich-Folien.

Hinsichtlich der Wurzelfestigkeit von Bitumenbahnen liegen seit 1981 Testergebnisse vor[44], in denen festgestellt wurde, daß die in diesem Durchwurzelungsversuch verwendeten dreilagigen Bitumenbahnen (nach DIN 52143) von allen Testpflanzen »durchwurzelt« wurden, und dies besonders an Knickstellen und Schweißnähten.

Als Testpflanzen wurden Sanddorn, Erle, Birke, Weide, Spartina (Ziergras), Disteln und Lupinen verwendet, deren Wurzeln wegen ihres hohen »Eindringungsvermögens« in die Dachhaut gefürchtet sind.

Seitdem gelten bituminöse Dichtungsbahnen als nicht »durchwurzelungsfest«, so daß eine zusätzliche Wurzelschutzbahn generell empfohlen wird.

Interessant ist aber in diesem Zusammenhang die Tatsache, daß die vor dreißig Jahren (1964) mit Bitumenbahnen abgedichteten Häuser der »Norweger-Haus-Siedlung« in Hamburg noch keine Durchwurzelungsschäden aufweisen.

Dennoch ist dem Hinweis der Autoren dieses Prüfungsberichtes zu folgen, daß »beim Verlegen der Schutzbahn Dehnungen und Spannungen z. B. beim Anfügen aufgehender Bauteile oder Dachdurchdringungen (Dunstrohre, Schornsteine), also Knickstellen, möglichst vermieden und die Zahl der Schweißnähte auf ein Minimum reduziert werden« sollten[45].

44 Penningsfeld u. a.: »Prüfung verschiedener Wurzelschutzbahnen für Dachgärten«, in: Garten und Landschaft, Nr. 8, 1981, S. 639 ff.

45 Penningsfeld, a.a.O., S. 646

Das Institut für Bodenkunde und Pflanzenernährung in Weihenstephan / Freising, in dem der Wurzelfestigkeitstest durchgeführt wurde, hat seit dem Sommer 1983 einen neuen Testversuch mit weiteren Dachbahnen begonnen, der die DIN 4062 aussagefähiger machen wird.

Wenn wir von diesem derzeitigen Erkenntnisstand ausgehen, so ist bei einer bituminösen Dachdeckung eine zusätzliche Wurzelschutzbahn erforderlich. Als »wurzelfest« haben sich nach Ansicht und Erfahrungen der Hersteller PVC-weich-, PIB-, ECB- und Synthesekautschukbahnen (EPDM) erwiesen.

• *Einlagige Dachdichtung und Wurzelschutz*

Seit über dreißig Jahren werden im Hoch-, Tief- und Ingenieurbau Abdichtungsbahnen verwendet. Neben der Abdichtung von Tunnel-, Brücken- und Kanalbauten werden diese Dichtungsbahnen auch für den Grundwasserschutz und für den »künstlichen« Teichbau verwendet.

Für die Grasdachabdichtung eignen sich die obengenannten Kunststoffbahnen, die einlagig als Dichtungs- und Wurzelschutz auf dem Dach verschweißt und z. T. auch werkseitig in einem Stück gefertigt (verschweißt) werden[46]. Herstellerangaben zufolge können Dachdichtungsbahnen bis zu 600 m^2 werkseitig vorgefertigt werden.

46 Für weitere Informationen über die Qualität und Verlegung von wurzelfesten Dachdichtungsbahnen werden nachfolgende Informationsbroschüren empfohlen: 1. »Bauen mit Kunststoffen« (Hochpolymerbahnen für Abdichtungen im Bauwesen), Heft 3 / 1983, IBK, Osannstr. 37, 61 Darmstadt; 2. »TAKK-Verlegehinweise Dachbahnen« und »TAKK-Werkstoffblätter Dachbahnen«, Osannstr. 37, 61 Darmstadt. Darüber hinaus sind die Verlegehinweise der jeweiligen Hersteller zu beachten.

104 Zweilagiges Rasensodendach

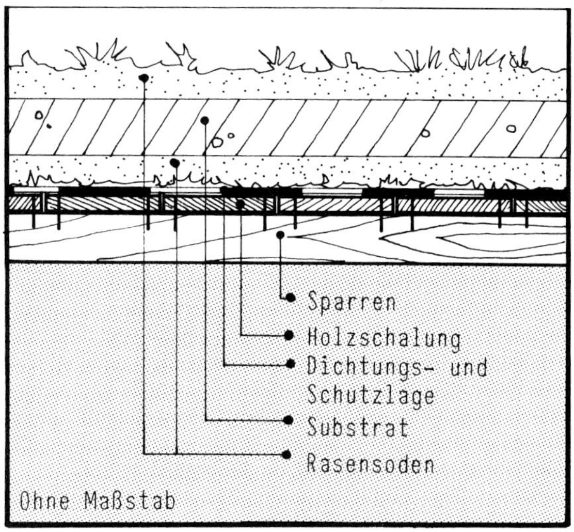

105 Schnitt durch das zweilagige Rasensodendach

• *Das zweilagige Grassoden-Dach*

Die einfachste und preiswerteste Methode, ein Grasdach aufzubauen, ist die Verlegung ausgestochener Grassoden nach skandinavischem Vorbild. D. h. die erste Lage mit dem Gras nach unten und die zweite mit dem Gras nach oben, wobei die einzelnen Sodenstücke der zweiten Lage »versetzt« (fugenüberlappend) gegenüber der ersten verlegt werden sollten.
Zwischen beiden Sodenlagen gehört bei einer Dachneigung von über 22° eine Schubsicherung (z. B. Gewebebahnen, Verkrallgewebe, Maschendraht, Estrichgewebematten u. a.).
Bei der Auswahl der Rasensoden ist darauf zu achten, daß die Sodenstücke einen gleichmäßigen, dichten Besatz an Grasvegetation aufweisen. Distel, Löwenzahn und andere Tiefwurzler sind vor dem Aufbringen zu entfernen. Die Sodendicke für ein zweilagiges Sodendach liegt zwischen 5 und 7 cm. Bei der Verwendung von Grassoden mit zweischichtigem Aufbau ist allerdings von einer Flächenbelastung, einschließlich Wind- und Schneelast, von 250 bis 300 kg/m² auszugehen, die in der Unterkonstruktion entsprechend zu berücksichtigen ist.
Eine erhebliche Reduzierung der Flächenbelastung kann erreicht werden, wenn statt der Soden vorgefertigter Rollrasen aufgebracht wird.
Aufgrund des wesentlich geringeren Gewichtes und der Dicke besteht die Möglichkeit, zwischen beiden Lagen eine ca. 5 cm hohe Substratschicht als zusätzliche Nährstoffversorgung und Wasserspeicherung anzulegen[47].
Eine im Hinblick auf die Vegetation interessante Alternative zum Soden- oder Rollrasen-Grasdach ist das »Kombi-Grasdach«, bei dem zwischen rasterartig verlegten Rasensodenstreifen (aus Grassoden oder Rollrasen) Vegetationsflächen geschaffen werden, die mit Wildblumen- und Kräutersamenmischungen eingesät werden können.

47 Die Flächenbelastung beträgt bei einem 10 cm starken Gesamtaufbau ca. 150 bis 200 kg/m².

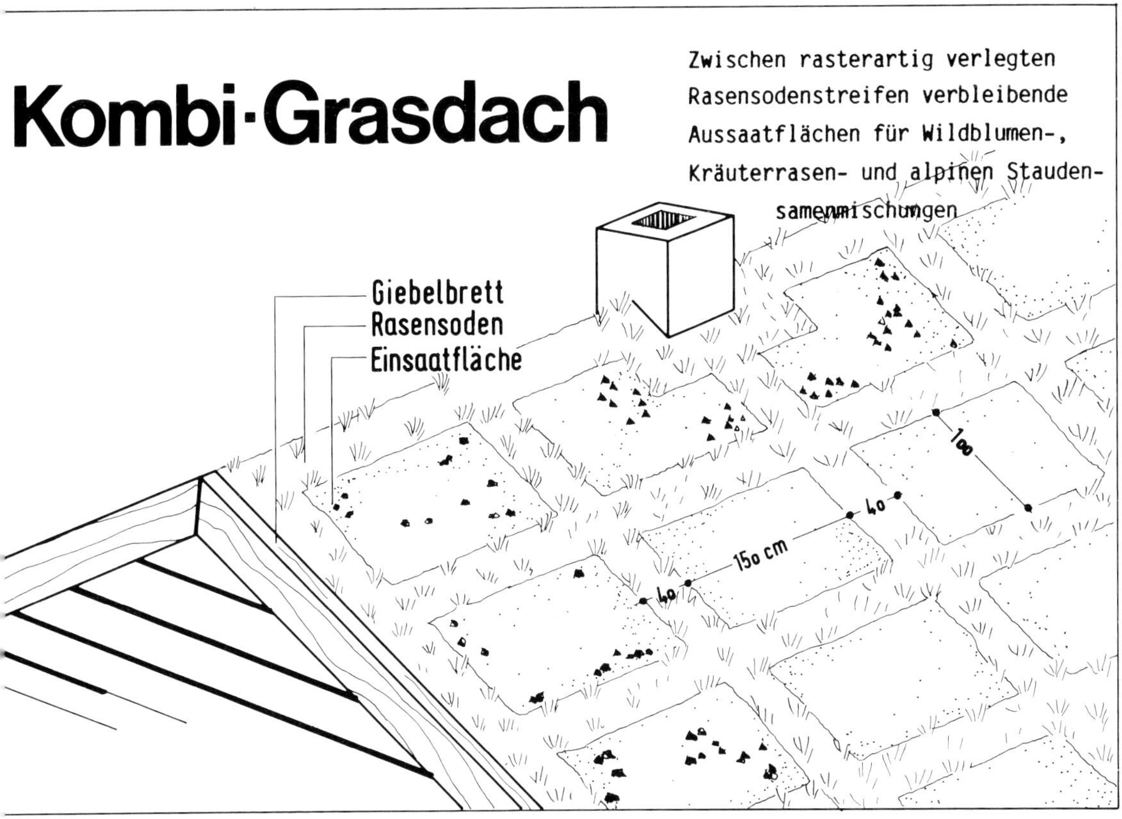

106 Kombi-Grasdach (Rasensoden-Einsaat-Dach)

107 Rasensoden-Einsaat-Dach

108 Schnitt durch das Rasensoden-Einsaat-Dach

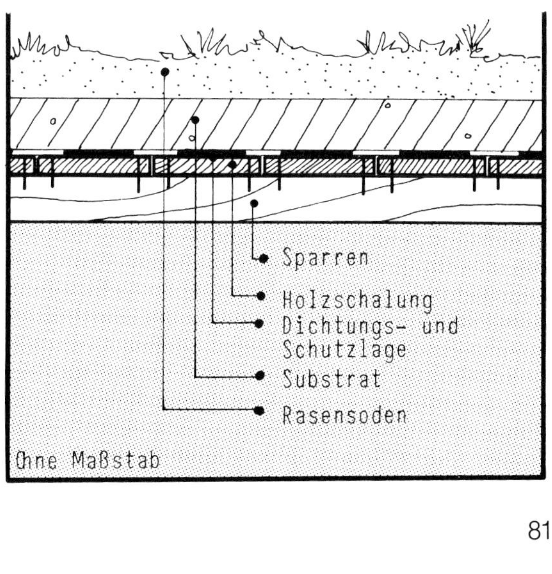

Nach dem Verlegen der ersten Sodenlage wird die zweite Soden- oder Rollrasenschicht rasterartig verlegt. Die verbleibenden Einsaatflächen werden mit einem Bodensubstratgemisch[48] aufgefüllt und mit Wildblumen-, Kräuterrasen und alpinen (kurzwüchsigen) Staudensamenmischungen eingesät. Diese Kombination ist ebenfalls auf einem einlagigen Grasdach realisierbar.

- *Das einlagige Grassoden-Dach*

Um die Flächenbelastung eines doppellagigen Sodendaches zu reduzieren, empfiehlt sich der Aufbau eines einlagigen Grasdaches.
Statt der ersten Sodenlage wird ein 8 bis 10 cm hohes Erdsubstratgemisch aufgebracht und mit Grassoden oder Rollrasen abgedeckt. Einschließlich Wärmedämmplatten kann die Flächenbelastung so auf 130 bis 150 kg/m² reduziert werden.
Die kombinierte »Soden-Einsaat-Deckung« ist beim einlagigen Grasdachtyp ebenfalls möglich.
Bevor auf das eingesäte Grasdach eingegangen wird, soll noch darauf hingewiesen werden, daß mit der Verwendung örtlich vorhandener Grassoden eine dem Boden optimal angepaßte Vegetation auf das Dach »übertragen« wird, die die Gefahren der Wind- und Wasser-Erosion - insbesondere in der Anfangszeit - weitgehend ausschaltet[49].

- *Das eingesäte Grasdach (Direktaussaat)*

In den Fällen, wo nicht genügend Grassodenfläche zur Verfügung steht und Roll- bzw. Fertigrasen nur über kostspielige Transportwege erhältlich sind, bietet sich die Direktaussaat an.

Darüber hinaus gibt sie die Möglichkeit, die Grasdachbegrünung mit Kräuter- und Wildblumensamen sowie Trockenstauden zu kombinieren[50].
Da das Dach als Standort an die Pflanzen hohe Anforderungen stellt, sollten nur Gräser und Wildblumen (und eventuell Stauden) verwendet werden, die folgende Eigenschaften haben[51]:
— Trockenresistent: d. h. die Pflanzen müssen längere Trockenheit überstehen können
— Frosthart: Samen, Wurzeln, Zwiebel / Knollen müssen frostbeständig sein, um den Fortbestand der Pflanze zu sichern
— Windfest: Die Pflanzen sollten eine dichte Wurzelbildung entwickeln können, um einer Winderosion entgegenzuwirken

Darüber hinaus sollten die Pflanzen hinsichtlich der Nährstoffversorgung anspruchslos sein, da das Grasdach nicht gedüngt wird.
Vor der Einsaat und Bepflanzung geneigter Dächer sind zwei Voraussetzungen zu klären:
— Zusammensetzung der Vegetations- bzw. Erdsubstratschicht
— Sicherung des Saatgutes und der Substratschicht vor Auswaschungen und Absackung

- *Zusammensetzung des Substrats*

Das Substrat ist der Nährboden für die Dachbegrünung und hat folgende Eigenschaften aufzuweisen:
— hohe Wasserspeicherfähigkeit
— hohe Luftkapazität bei Wassersättigung
— gute Aufnahmefähigkeit für Nährstoffe

48 Z. B.: 50% Gartenerde, 30% Basaltsplitt, 20% Torf
49 Vgl.: Kolbek, Thekla, »Extensive Gebäudebegrünung«, Dipl.-Arbeit Gesamthochschule Kassel, Fachbereich Landschaftsplanung, 1982

50 Hierfür eignen sich: Fingerhut, Lavendel, Mauerpfeffer, Blauschwingel, Schleierkraut u. a. Für die Zusammenstellung standortverträglicher Grassamen und Stauden empfiehlt sich der Kontakt zu Sämereien, Gärtnern und Landschaftsarchitekten.
51 Kolbek, Th., a.a.O., S. 37 f.

— gute Stabilität gegen pH-Wert-Verschiebung (z. B. durch sauren Regen)
— frei von Schädlingen, Krankheitserregern und »Tiefwurzlern«
— geringe Flächenbelastung (kg/m²)
— kein zu hoher Lehmanteil, um Verschlämmen und Verhärten des Bodens zu vermeiden

Es ist offensichtlich, daß diese Eigenschaften von sogenannter »Muttererde« nicht erwartet werden können. Mutterboden ist in der Regel zu schwer und biologisch zu stark belebt, so daß größere, lockernde Strukturelemente zu schnell abgebaut werden und eine Substratsackung die Folge sein kann. Damit einhergehende, ungünstigere Porenraumverhältnisse schränken die Wurzelatmung ein und verursachen Schäden, die zum allmählichen Absterben des Pflanzenbestandes führen können. Deshalb ist es ratsam, vorhandenen Mutter- bzw. Oberboden mit »Zuschlagstoffen« zu mischen, um annähernd die gewünschten Eigenschaften für ein langlebiges Grasdach zu erhalten.

Fischer[52] kommt in seiner Untersuchung über die wichtigsten Bestandteile von Dachbegrünungssubstraten zu folgender Beurteilung:

Als »gut geeignet« werden genannt:
— Weißtorf
— Einheitserde (Fertigmischung)
— (Schaum-) Lava 2 bis 8 mm
— Blähton 4 bis 8 mm

»Bedingt geeignet« sind:
— Styromull
— Perlite
— Ton / Lehm
— Kompostierte Rinde

Als »ungeeignet« werden genannt:
— Müllklärschlammkompost
— Kies / Sand

52 Fischer, P., »Dachbegrünungssubstrate und Durchwurzelungsschutz«, in: »Das begrünte Haus« (Hrsg.: Forschungsgesellschaft Landschaftsentwicklung-Landschaftsbau e. V.) Karlsruhe 1983, S. 79

Zu ähnlichen Beurteilungen kamen Kolb und Schwarz[53] in ihrer Substratanalyse, wonach »Hygromix« (Fertigsubstrat), Mischungen aus Einheitserde mit Blähton und Lavalit sowie Gemenge mit »Liapor« als Substratbestandteile geeignet sind. Nachfolgend werden Substratmischungen genannt, die für die Dachbegrünung verwendet werden können:

Substrat/Substrat-bestandteile		Dachauflast bei 10 cm Dicke und Wassersättigung
100 Vol.%	»Hygromix«	ca. 150 kg
70 30 1 kg	Einheitserde Lavalit 2/8 Plantosan je m³	ca. 85 kg
70 30 1 kg 2 kg	Einheitserde Blähton Plantosan je m³ Basaltmehl	insgesamt ca. 80 kg
60 40	Oberboden Splitt- oder Steinerde	
30 30 30 10	Oberboden Sand Kalksplitt Weißdorf	ca. 140 kg (Gewichtsreduzierung durch Beimengen von Blähton möglich)
50 30 20	Oberboden Kalksplitt Weißtorf	ca. 150 kg
30 40 20 10	Oberboden Sand Weißtorf lehmiger Oberboden	ca. 140 kg

Alle Materialien sollten im erdfeuchten Zustand gemischt werden.

53 Kolb, W.; Schwarz, T., »Eigenschaften und Kosten von Substraten zur Extensiv-Begrünung von Flachdächern«, in: Das Gartenamt Nr. 33, 1984, S. 83 ff.

Sicherung der Vegetationsschicht (Schubsicherung)

- *Saat-Erosionssicherung*

Um die Saat im Anfangsstadium vor Wind- und Wassererosion zu schützen, sollte sie leicht in das Substrat eingeharkt und der Boden auf der Dachfläche »komprimiert«, verdichtet werden. Darüber hinaus kann die Saat mit einem organischen Kleber, der mit Nährstoffen angereichert ist, vermischt und auf das Substrat aufgebracht werden.

- *Auffangen der Schubkräfte*

Während bei einem Grassodendach eine Schubsicherung erst ab ca. 22° Dachneigung erforderlich ist, ist es zweckmäßig, Boden-Substratschüttungen bereits ab 18° Dachneigung gegen ein Abrutschen zu sichern. Hier einige Beispiele:

— Schubsicherung unter der Dichtungsbahn
Direkt auf die Dachschalung werden parallel zur Traufe in Abständen von 1,0 bis 1,5 m halbierte Rundhölzer oder Dachlatten befestigt und die Dichtungsbahn darübergelegt.

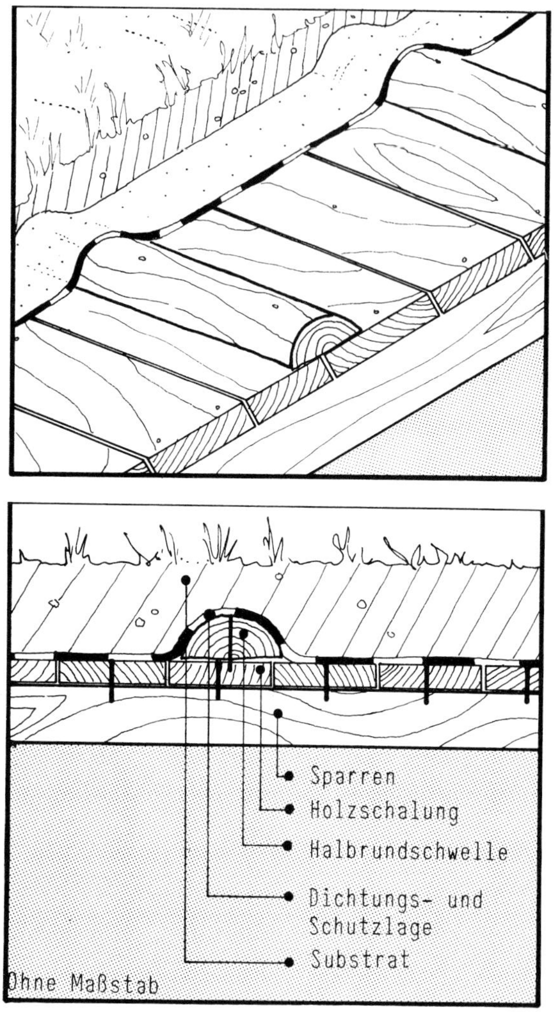

109, 110 Schubsicherung mit Halbrundlatten

Aufgrund ihrer rauhen Oberfläche sollten die Latten vor dem Verlegen der Dichtungsbahn mit einem chemisch verträglichen Schutzvlies abgedeckt werden. Dem Vorteil der problemlosen Befestigung dieser Schubsicherung steht aber die Schwierigkeit gegenüber, im Schwellenbereich und an den Eckpunkten knickfreie Schweiß- oder Verklebungsarbeiten durchzuführen.
Ein zusätzlicher Vorteil dieser Schubsicherung liegt darin, daß sich hinter den Schwellen (nach der Abdichtung) Wasser sammeln kann, das einem Austrocknen der Vegetationsschicht entgegenwirkt.

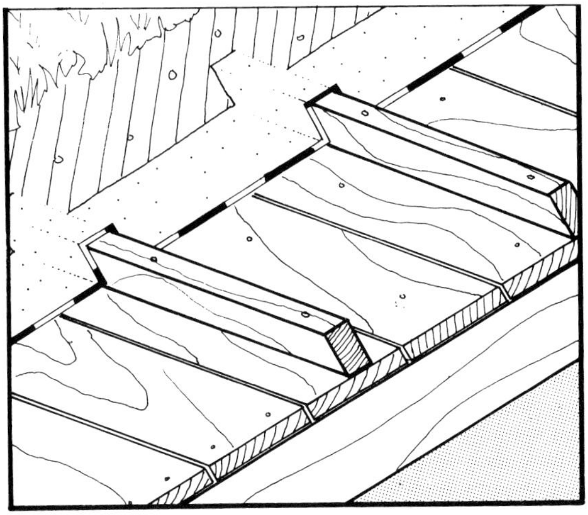

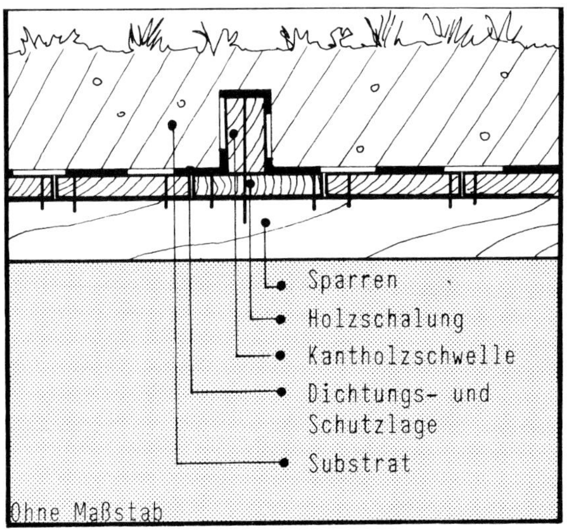

111, 112 Schubsicherung mit Dachlatten

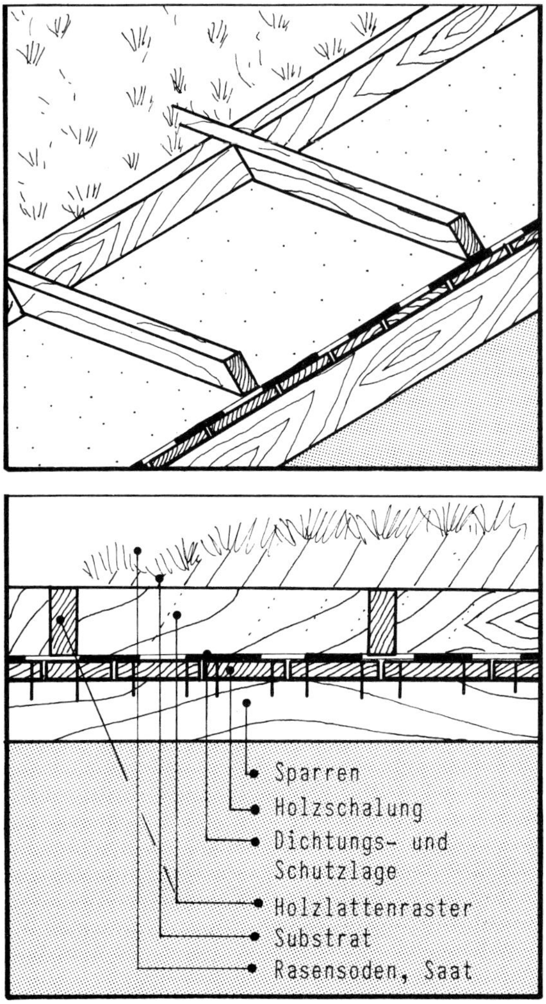

113, 114 Holzlatten-Raster

— Schubsicherung über der Dichtungsbahn
Eine sehr organische Form der Schubsicherung kann mit dem bereits erwähnten »Kombi-Dach« erreicht werden, bei dem die rasterartig verlegten Rasenstreifen einen Teil der Schubkräfte auffangen.

Eine in den skandinavischen Ländern sehr verbreitete Schubsicherung ist eine aus Dachlatten oder Rauhschalung zusammengefügte Rasterkonstruktion, die lose auf der Dichtungsbahn aufliegt. Entweder wird dieses Raster vom Sodenbrett abgefangen oder firstüberlappend miteinander verbunden.
Das Holz sollte nicht imprägniert sein, um schädliche Einflüsse auf das Substrat und die Vegetation zu vermeiden. Wird das Holzraster direkt auf die Dichtungsbahn gelegt, ist ein Schutzvlies gegen mechanische Beschädigung unterzulegen.

115 **Estrichgewebe als Schubsicherung**

Eine längerfristige Schubsicherung kann auch mit Gewebematten (z. B. Estrichgewebe) erreicht werden, die mit Abstandhaltern ganzflächig ausgelegt werden.

116, 117 **Schubsicherung mit Gewebematte und Holzschwelle**

Um mechanische Schäden an der Dachhaut zu vermeiden, ist eine Schutzlage notwendig. Bei Dachneigungen über 25° sollte die Baustahlmatte mit zusätzlichen Schubschwellen versehen werden.

Da die Schwellenkonstruktion nicht mit der Dachschalung verbunden werden kann, ist eine firstüberlappende Verbindung der Matten notwendig.

In diesem Zusammenhang soll noch auf ein Substratsicherungsgewebe aufmerksam gemacht werden, das aus einer Filtermatte mit beidseitig aufgeschweißter »Krallschicht« (Verkrallungsgewebe) besteht und folgende Funktionen erfüllt:

— Erosionsschutz und Flächenstabilisierung
— Auffangen von Substratteilchen
— Dränage des Oberflächenwassers
— Schubsicherung innerhalb der Vegetationsschicht

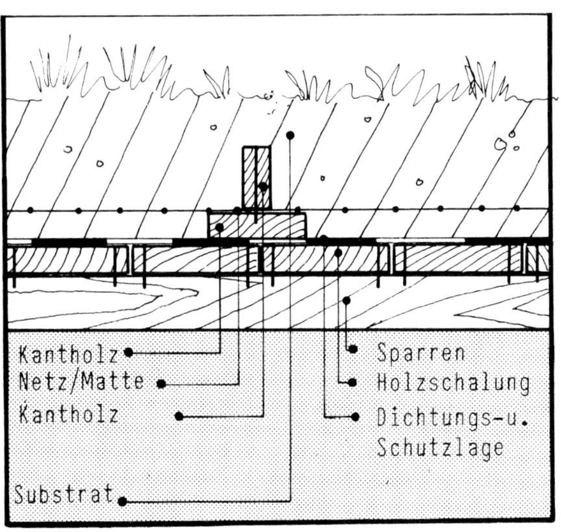

118, 119 In das Substrat eingelegte Estrichmatte und Schnitt.

Um Beschädigungen der Dachdichtungsbahn durch Schubsicherungs-Systeme auszuschalten, bieten sich folgende Möglichkeiten an:

- firstüberlappendes Verlegen von Fischernetzen (Färöer), engmaschigen Kunststoffgewebe-Matten (z. B. »Propex«/Amoco) oder Verkrallungsgewebe-Bahnen (z. B. »Enkamat«/ Glanzstoff AG)
- firstüberlappendes Verlegen von Baustahl- bzw. Estrichmatten

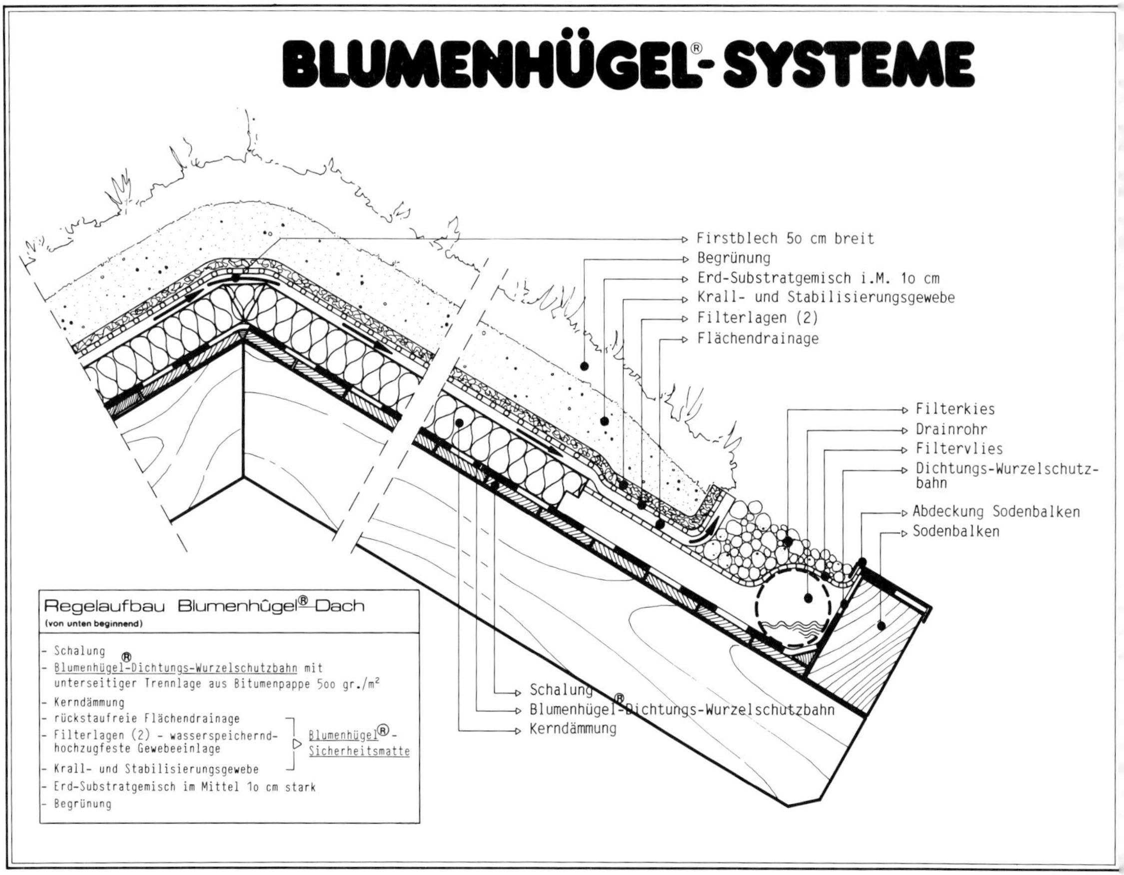

120 Blumenhügeldach (Umkehrdach)

121 Grasdach nach dem Blumenhügel-System

;eit einigen Jahren werden in der Bundesrepu-
)lik Grasdach- und Dachbegrünungs-Systeme
ngeboten. Während die Dachbegrünungs-Sy-
teme[54] überwiegend für Flachdächer eingesetzt
verden, eignen sich die Grasdachsysteme für
jeneigte Dächer von 5° bis 30° Dachneigung.
Jachfolgend die Grasdachsysteme in alphabeti-
cher Reihenfolge:

»Das Blumenhügel-System«

Das »Blumenhügeldach« wurde nach architektur-ökologischen Planungsprinzipien entwickelt und ist für unterschiedlichste Dachformen, wie Sattel-, Walm-, Flachdächer und Kuppelbauten sowie Gaubeneindeckung anwendbar.
Die Schnittzeichnung 120 zeigt den grundsätzlichen Aufbau des »Blumenhügeldach-Systems«: Das »Blumenhügeldach-System« kann mit Substratschichten von 6 bis 50 cm Dicke ausgeführt werden. Die wurzelfeste Dachdichtungsbahn besteht aus einer 2 mm dicken ECB-Kunststoffbahn, die dachseitig mit Heißluftgeräten verschweißt wird. Die Wärmedämmung besteht aus stufengefalzten Hartschaumplatten, die aufgrund ihrer chemischen Verträglichkeit mit der Kunststoffbahn kein Trennvlies erfordern.
Ein wesentlicher Bestandteil dieses Dachaufbaus ist die sogenannte »Sicherheitsmatte«, die oberhalb der Wärmedämmung ausgerollt wird. Diese Sicherheitsmatte (Filtervlies mit Krallgewebe und integrierter Flächendränage) erfüllt folgende Funktionen:
— Erosionsschutz des Substrats bis 30° Dachneigung
— Flächenstabilisierung der Vegetationsschicht
— Filterung des Oberflächenwassers
— Staufreie Dränage des Sickerwassers

54 Systemanbieter: Bauder, Brecht, Fränkische Dachgärten, Optima, Technoflor, ZinCo-Dachgarten-Systeme

Damit sich die Vegetation dem Nährstoffangebot des regional verfügbaren Bodens anpaßt, werden beim »Blumenhügeldach« in der Regel ungedüngte, natürliche Böden verwendet. Das kann auf der Baustelle abgehobener Mutterboden oder ein Ackerboden aus der Umgebung sein. Zur Reduzierung des Gewichts sind Beimischungen (Blähton, Weißtorf etc.) möglich.
Auf diese Vegetationsschicht wird von Hand oder in einem »Anspritzverfahren« eine Mischung aus Kräuter-, Gras-, Wildblumen- und Kleesamen und gehäckseltem Stroh aufgebracht. Nach den Erfahrungen des Systemanbieters wird damit eine pflegefreie und sich selbst regenerierende und umweltbelastungsresistente Dachbegrünung erreicht.
Die Flächenbelastung beträgt:
— Dichtung, Dämmung, Sicherheitsmatte 6 kg/m² Wintergewicht der Aussaatmischung 5 bis 10 kg/m²
— Erde/Mutterboden (10 cm Dicke) 85 bis 185 kg/m²
— Leichtsubstrat (Sanierung) 40 bis 60 kg/m²
Ohne Schnee- und Windlast kann das Gesamtgewicht des Blumenhügeldaches durch Beimengen von gewichtsreduzierenden Substratbestandteilen auf 150 kg/m² gesenkt werden.

122 Grasdach nach dem Blumenhügel-System

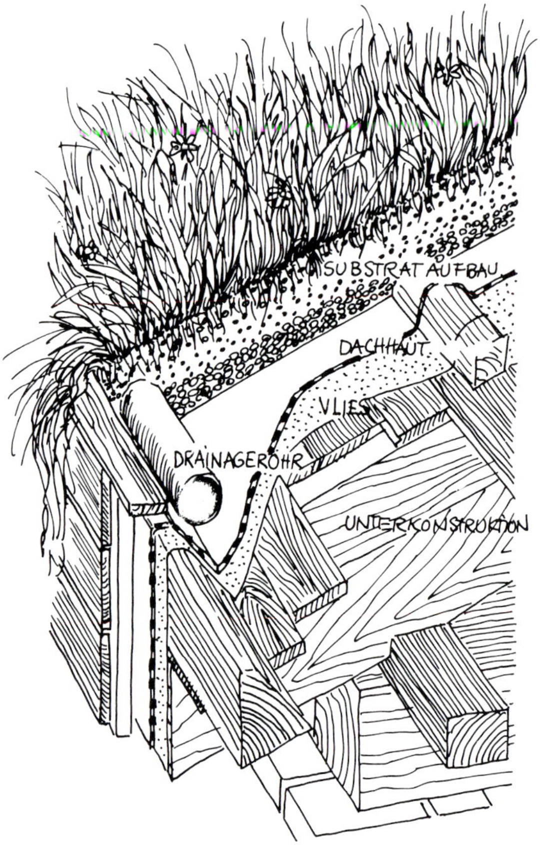

123 Grasdachsystem Minke (ohne Wärmedämmschicht)

»Grasdachsystem Minke«

Zu Beginn der siebziger Jahre wurden im »Fo schungslabor für Experimentelles Bauen« de Gesamthochschule Kassel unter der Leitung vo Prof. Gernot Minke verschiedene »Low Cost-Bau projekte« mit Dachbegrünungen realisiert. Zie dieser Projekte war die Entwicklung von:

— billigen und einfachen Vorfertigungs- und Montagetechniken mit hohem Selbsthilfeante
— vielseitig verwendbaren Vegetationssysteme und die Ermittlung robuster Pflanzengesel schaften für Dachbegrünungen

Eines dieser Projekte war ein 1978 fertiggestellte Versuchsbau mit einem pflegeleichten und be sonders wirtschaftlichen Grasdachaufbau, de aus einer wurzelfesten, gewebeverstärkten Kunst stoffbahn und 8 bis 10 cm dicken, ausgestoche nen Grassoden bestand[55].

Das aus diesen Erfahrungen gewonnene Systen Minke hat folgenden Schichtaufbau und ist fü Dachneigungen von 5° bis 30° einsetzbar:

Die einzelnen System-Komponenten sind:

— Schutzvlies
— Dachhaut »Herbatec«
— Wärmedämmung
— Substrat
— Vegetation

55 Minke, G.; Witter, G., »Häuser mit grünem Pelz«, Frankfur 1982, S. 32

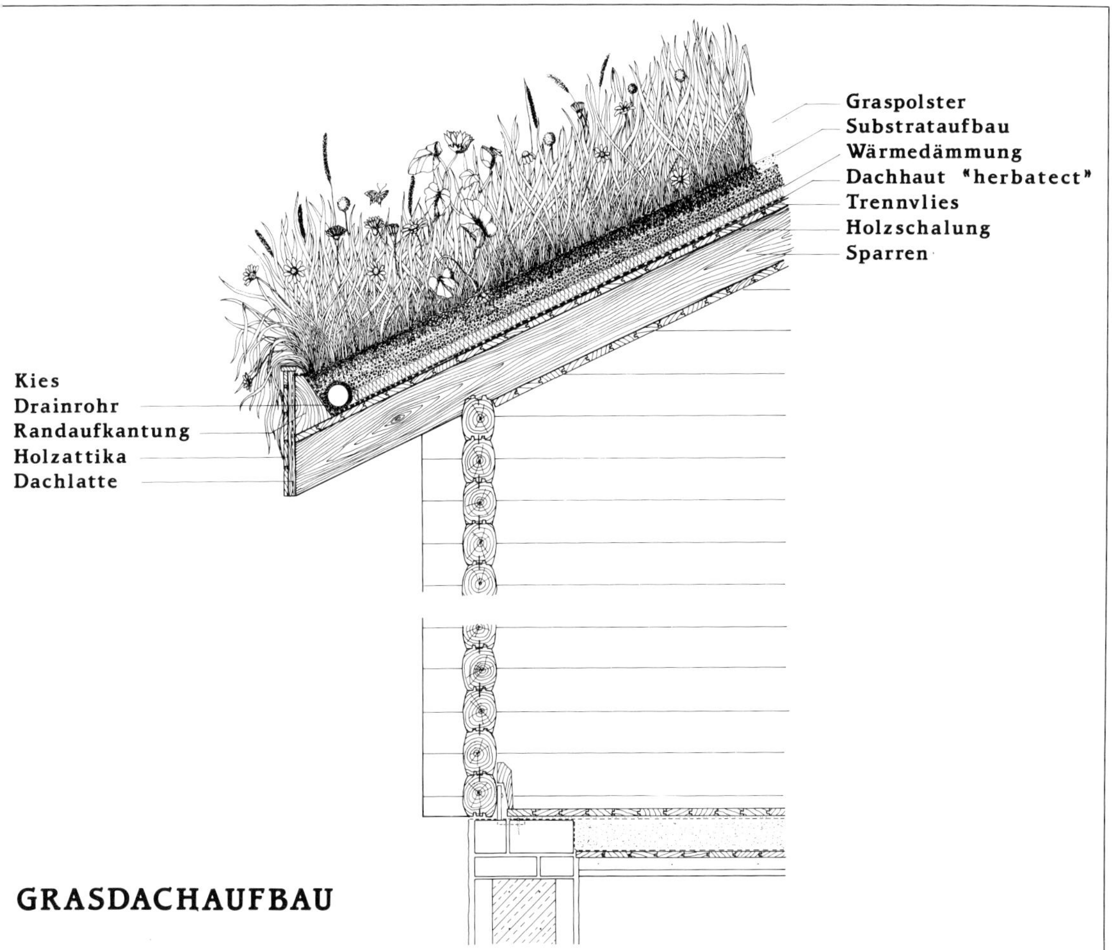

124 Grasdachaufbau System Minke (mit Wärmedämmung)

125 Abdeckung der Dachschalung mit Schutzvlies und Dachhaut (unbefestigt)

126 Mit der Dachhaut verschweißter Dränageroh Mantel

Das *Schutzvlies* besteht aus gewachsten Polyesterfasern und dient zum Ausgleich von Unebenheiten der Unterkonstruktion und als mechanischer Schutz der Dachhaut.

Die Dachhaut »Herbatec« ist eine wurzelfeste und UV-beständige PVC-Kunststoffbahn, die werkseitig in der Größe der abzudichtenden Dachfläche vorgefertigt wird. Für die Dachdurchbrüche wie Schornsteine, Entlüftungsrohre und Lichtkuppeln werden entsprechende Öffnungen und Schürze vorgesehen, so daß die Dachhaut über die Dach durchbrüche gestülpt und auf der Dachfläch lose verlegt werden kann. Lediglich an den Trau und Giebelkanten wird die Dachhaut befestig (Gewicht 1600 g/m^2, Dicke 1,2 mm).

Die werkseitige Fertigung hat den Vorteil, daß di Dachhaut witterungsunabhängig verschweiß wird und besondere Sorgfalt ermöglicht.

127 Den Dachrand überlappende Dachhaut (z. T. befestigt)

128 ▲

129 ▼

130 Überfälzt verlegte Hartschaumplatten

Über bewohnten Räumen wird gemäß der Wärmeschutzverordnung eine Wärmedämmung oberhalb der Dachhaut verlegt (Umkehrdachprinzip). Diese besteht aus geschlossenporigen Hartschaumplatten (6 bis 8 cm Dicke) mit Stufenfalz (z. B. »Styrodur«, »Roofmate«).

Bei chemischer Unverträglichkeit zwischen Dachdichtungsbahn und Wärmedämmplatten wird ein Trennvlies verlegt.

131 Wärmedämmung und Schornsteinschürze

Zu Seite 96:

128 Dachhaut, Trennvlies und Dränagerohr-Verlegung

129 Dränagerohr und Dämmplatten

132 Grobkiesschüttung oberhalb des Dränagerohres

Die Substratschicht, die bis zu 20 cm Stärke aufgebracht werden kann, besteht aus Mutterboden (60%), Blähton (30%) und vorkompostiertem Rindenhumus. Die Mutterboden-Blähton-Mischung wird nach dem Aufbringen mit dem Rindenhumus abgedeckt.

Vor dem Substratauftrag wird das traufenseitig verlegte Dränagerohr mit einer Grobkiesschüttung abgedeckt.

Als ökologisch vorteilhafte Vegetation hat sich eine Mischung aus dürreresistenten und frostharten Wildgräsern erwiesen, die ausgesät oder bei steileren Dächern als Fertigrasen (Rollrasen) verlegt wird.

Das Substrat wiegt mit einer Rollraseneindeckung im wassergesättigten Zustand:

— 12 cm Substratdicke 115 kg
— 16 cm Substratdicke 150 kg
— 19 cm Substratdicke 180 kg

Nach Informationen des Planungsbüros ist das Grasdach so angelegt, daß es nicht gemäht werden muß. Ein Mähen würde das ökologische Gleichgewicht stören und die Wärmedämmung verringern. Ebenso ist eine Düngung nicht erforderlich, da durch absterbende Pflanzenteile ein Selbstdüngungseffekt entsteht. Eine künstliche Bewässerung wird nur in besonders trockenen Perioden empfohlen.

Im übrigen gilt generell für Grasdächer mit dürreresistenter Begrünung der Hinweis, daß ein kurzfristiges Austrocknen des Bodensubstrats (zwei bis drei Monate) keinerlei negative Auswirkungen hat, da sich die Vegetation nach einem Regen schnell wieder regeneriert.

»Das Plastoplan Ökodach«

Seit über einem Jahrzehnt hat der Anbieter des Ökodach-Systems Erfahrungen in der Abdichtung von Flachdächern, »künstlichen« Teichböden, Abwassersumpfbeeten und Güllebecken.

Die in diesem Zeitraum gewonnenen Erkenntnisse hinsichtlich der Wurzelfestigkeit der verwendeten Abdichtungsbahnen konnten für die Grasdachbegrünung verwendet werden.

133 Ökodach mit Dränage und Sodenbalken

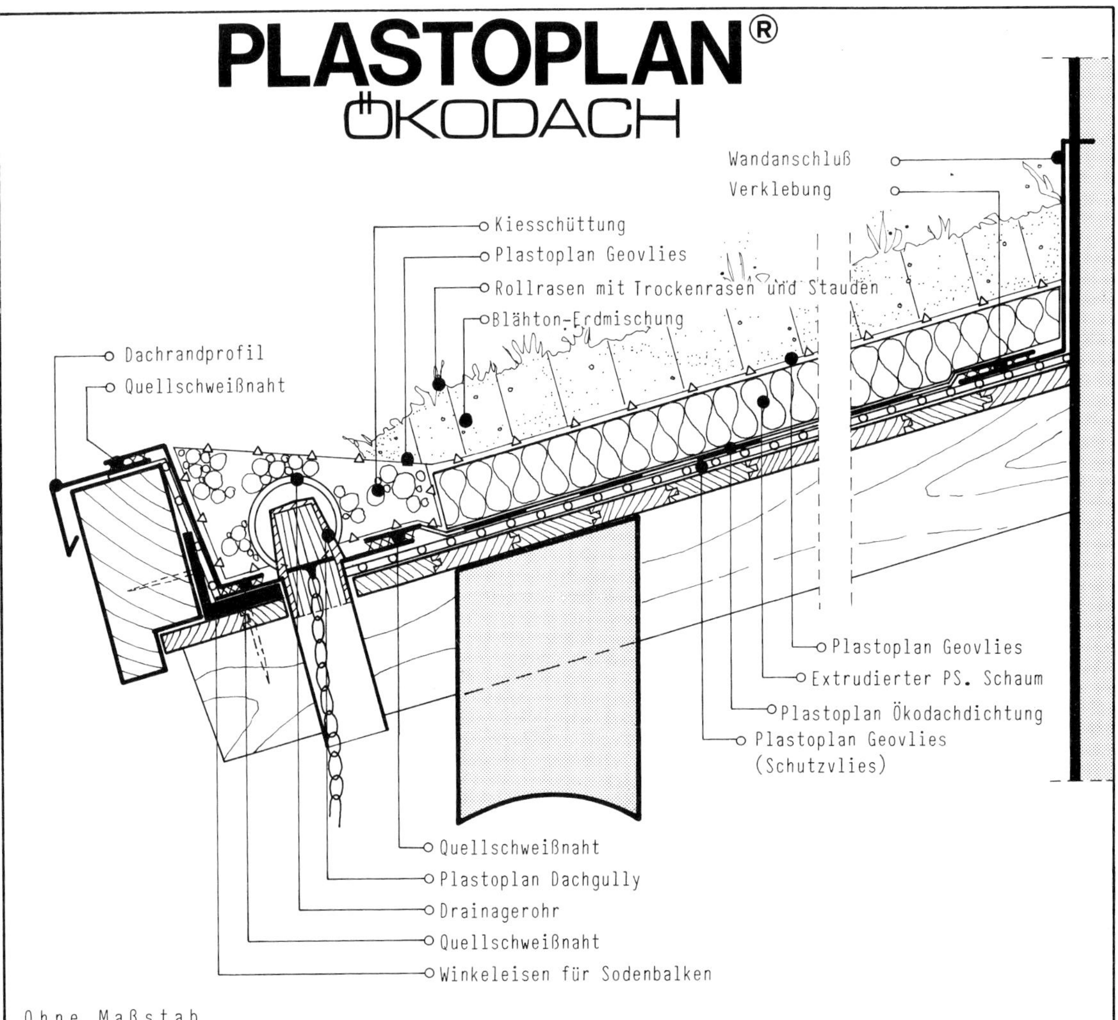

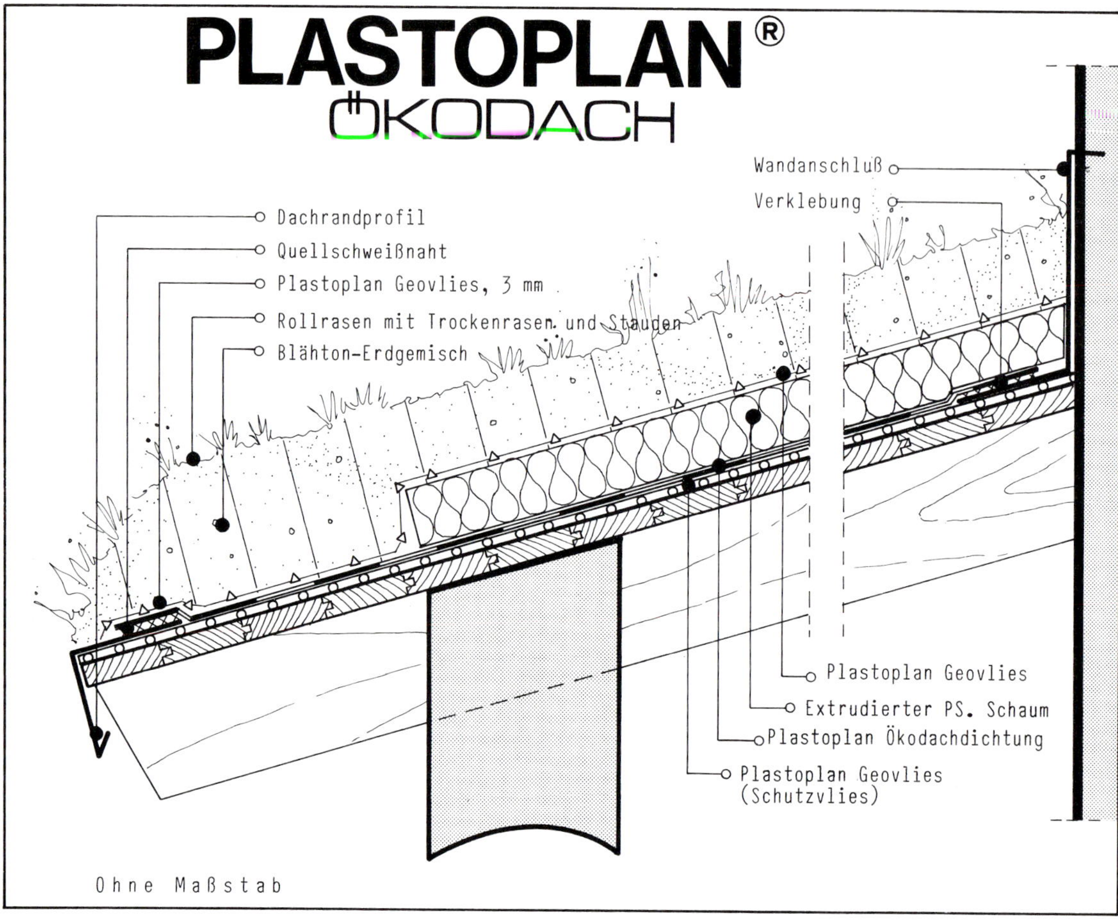

134 Ökodach ohne Dränage und Sodenbalken

Zu Seite 101:
135 Dachdeckung vor dem Verlegen der Dichtungsbahn (auf der Dachschalung wird noch ein Windverband befestigt)

136 Verlegen der Dachdichtungsbahn

137 Abgedeckte Dachschalung mit Wärmedämmung und Filtervlies

135 ▲

Der Arbeitsablauf im einzelnen:

— Auf die Dachschalung wird ein Schutzvlies verlegt; bei abzudeckender Bitumendeckung wäre ein Trennvlies erforderlich (Abb. 136).
— Darauf wird entweder eine werkseitig vorgefertigte Plane oder Rollenware verlegt. Die Rollenware wird auf dem Dach mit einem Hand-

136 ▲

137 ▼

Heißluftgerät und mit Quellschweißmitteln verschweißt.
— Schürzen und Einzelstücke für Dachdurchbrüche, Wandanschlüsse und Dachränder werden ebenfalls thermisch verschweißt bzw. mit Quellschweißmitteln wurzelfest verbunden.
— Zur Wärmedämmung werden extrudierte Polystyrol-Hartschaumplatten mit Stufenfalz verlegt und mit einem Filtervlies abgedeckt (Abb. 137).

138 Aufbringen des Substrats und Verlegen des Rollrasens

— Das Substrat, eine Mischung aus Muttererde (70%) und Blähton (30%), wird bis zu einer Höhe von 10 cm aufgebracht, eingesät oder mit Fertigrasen abgedeckt (Abb. 138).

Das Gesamtgewicht beträgt bei einer Substratdicke von 8 bis 10 cm 150 bis 160 kg/m^2.

Neben den Grasdachsystemanbietern kann die Planung und Beratung für Dachbegrünung auch von Architekten und Landschaftsplanern eingeholt werden, die sich entweder für ein bestimmtes System entscheiden oder eigene, mit dem Kunden abgestimmte Grasdachaufbauten konzipieren, wie die Zeichnung 139 verdeutlicht.

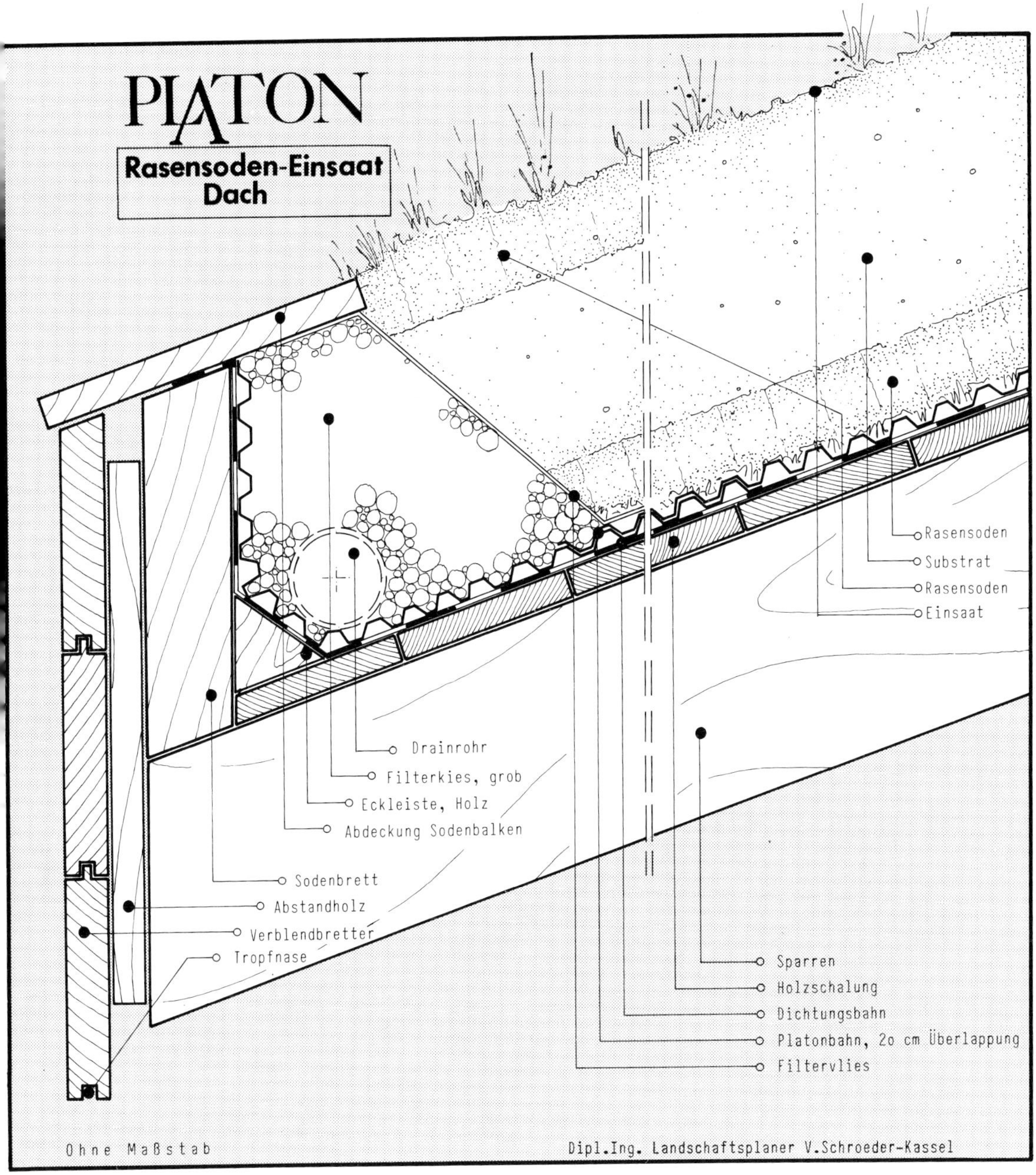

139 Rasensoden-Einsaat-Dach mit Noppenfolie als Dichtungs- und Wurzelschutzbahn

Flachdachbegrünung einer Garage

Wer ein vorhandenes Garagendach begrünen möchte, sollte zunächst prüfen, welche zusätzlichen Belastungen die Konstruktion (Statik) zuläßt. Denn die Belastbarkeit (kg/m²) entscheidet darüber, ob eine »intensive« oder »extensive« Begrünung in Frage kommt. Die intensive Dachbegrünung mit Rasen und Sträuchern erfordert eine dickere Bodenschicht und damit eine höhere Belastung, während die extensive Begrünung mit Dachstauden und Gräsern dagegen mit einer geringeren Bodenschicht auskommt, die das Dach erheblich weniger belastet.

140 Intensive Garagendachbegrünung mit Rollrasen, Grassoden, Farnen und Binsen

Das Grasdach ist z. B. eine intensive Begrünungsart, für die eine ca. 10 cm dicke Mutterbodenschicht benötigt wird (Abb. 140).

Wo aber aus Gründen der Statik nur wenig Boden als Substrat aufgebracht werden kann (5 cm Dicke), können nur Pflanzen gedeihen, die mit weniger Nährstoffen auskommen und Trockenzeiten überstehen. Hierfür eignen sich Dickblattgewächse, auch Fett-Saftpflanzen genannt (lat. Sukkulenten – Pflanzen trockener Gebiete), wie z. B. Mauerpfeffer- und Hauswurzarten, die Wasser in ihren Blättern speichern. Im Vergleich zur intensiven Begrünung (Gewicht 200 bis 250 kg/m²) reduziert sich das Gewicht bei der extensiven auf 50 bis 100 kg/m².

Nachfolgend einige Staudenarten, die sich für eine extensive Dachbegrünung eignen (Abb. 141–144). Neben den zahlreichen Sedum-Arten eignen sich auch trockenresistente Gräser wie »Blau«- und »Schafschwingel« und »Schillergras«.

Falls Sie beabsichtigen, eine Garage neu zu bauen, sollte die Konstruktion so ausgelegt sein, daß eine Intensivbegrünung (Grasdach) möglich ist, die mit Dachstauden und Gräsern kombiniert werden kann.

Zu überlegen ist auch, ob das Dach begehbar und als Liegeweise genutzt werden soll, insbesondere dann, wenn es an das Wohnhaus anschließt.

141 »Mauerpfeffer« *(Sedum acre)* mit trockenresistenten Gräsern

143 »Herbstfreude« *(Sedum telephium)*

142 Rotes Laub »Murale« *(Sedum album)* auf einem Eternit-Dach

144 »Dachwurz« *(Sempervivum factorum)*

Bauliche Voraussetzungen

Da die zu begrünende Dachfläche mit Sodenbalken eingefaßt und mit einer wasserundurchlässigen Wurzelschutzbahn abgedichtet wird (s. unten Bauablauf), ist ein Dachgully vorzusehen, der das überschüssige Regenwasser abführt. Bei gefällelosen Dächern - und das gilt besonders für intensiv begrünte Grasdächer - ist ein Dränrohr oder eine Dränage aus Blähton erforderlich; auf geneigten Dächern genügt es, Dachgully und Dachrand mit Rollkies (16 bis 32 mm) abzudecken.
Dachränder, die an das Mauerwerk eines Wohnhauses anschließen, werden nicht mit einem Sodenbalken versehen, da hierfür Wandanschlußleisten zu montieren sind.

Bauablauf

Der Dachaufbau für eine Intensivbegrünung gliedert sich wie folgt:
- Dachschalung aus 19 oder 22 mm starken, einseitig gehobelten Nut- und Federbrettern, eingefaßt in umlaufende Sodenbalken (6 x 10 oder 8 x 12 cm)
- unbesandete Bitumenbahn
- Schutzvlies aus unverrottbarem Polyester- oder Acrylgewebe (schützt die Wurzelschutzbahn gegen mechanische Beschädigung von unten). Statt Polyestergewebe lassen sich auch Filzbahnen verwenden.
- Wurzelschutzdachdichtungen (1,2 mm), gewebeverstärkt, nach DIN 16734
- Schutzvlies (wie oben), um zu verhindern, daß die Wurzelschutzbahn durch scharfkantige Teilchen des Substrats beschädigt wird.
- Mutterboden (10 cm); falls statisch erforderlich mit Blähton mischen, um das Gewicht zu reduzieren.
- Rollrasen, Grassoden oder Einsaat

Analog des Dachaufbaus gliedert sich auch der Arbeitsablauf:

- *Dachschalung und Sodenbalken*

Die Dachschalung mit der gehobelten Fläche nach unten auf die Unterkonstruktion nageln; 60 mm verzinkte gestauchte Nägel verwenden.
Sodenbalken (6 x 10 oder 8 x 12 cm) ablängen, Kanten bündig festzwingen und von unten durch die Dachschalung mit Schnellbauschrauben montieren (Abb. 145).
Falls der Sodenbalken das Hirnholz der Dachschalung überdecken soll, ist ein 8 x 12 cm-Balken zu empfehlen, aus dem ein Falz (6 x 2 cm) mit der Handkreissäge freigesägt wird. Damit verbleibt eine Dachauflagefläche von 6 cm.
Neben der Befestigung von unten muß der Sodenbalken auch oberhalb der Dachschalung gegen seitlichen Druck stabilisiert werden. Hierfür eignen sich Winkelanker (10 x 10 cm), die im Abstand von 2 m Dachschalung und Balken verbinden.

145 Sodenbalken mit Zwingen standgenau fixieren

ei Fertiggaragen mit Betondecke ist dies die ein-
ige Befestigungsform, auch wenn arbeitsinten-
ive Dübelbohrungen erforderlich sind. Die Eck-
erbindungen der Sodenbalken werden ebenfalls
nit Winkelanker verbunden.
ı Abbildung 146 ist ein zusätzlicher Dreiecksbal-
en erkennbar, der den 90°-Winkel auf 45° redu-
iert, um die Wurzelschutzbahn zu entlasten.

Bitumenbahn und Schutzvlies

)bwohl die Wurzelschutzbahn den Anforderun-
en einer undurchlässigen Dachdichtung ent-
pricht - vorausgesetzt Nähte und Stöße sind
achgerecht verschweißt -, ist es ratsam, die
)achschalungsfläche mit einer unbesandeten
3itumenbahn abzudecken, deren Stöße überlap-
end zu verkleben sind. Bei Wandanschlüssen ist
lie Bitumenbahn in Höhe der Sodenbalken anzu-
eften oder zu verkleben (Abb. 147).
Vem diese zusätzliche Dachdichtung nicht ge-
ıügt, kann statt dessen eine Bitumenschweiß-
ahn verwenden, deren Stöße mit Hilfe eines
Gasbrenners »verschweißt« werden.
uf diese Dachdichtung wird nun das Schutzvlies
iberlappend verlegt und mit Dachpappe-Nägeln
uf dem Sodenbalken befestigt (Abb. 148).

147 Auslegen der Bitumenpappe

46 Eckverbindung der Sodenbalken mit Winkelanker

148 Schutzvlies auslegen

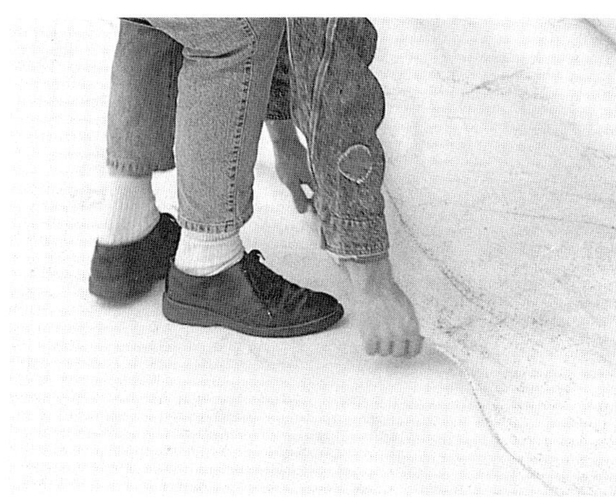

• *Rand- und Wandanschlußprofile*

Im Wandanschlußbereich wird das Vlies mit einer kunststoffbeschichteten Wandanschlußleiste am Mauerwerk befestigt. Hierfür eigenen sich sogenannte »Schlagnieten« oder »Nageldübel« (Abb. 149, 150).

Auf dem Sodenbalken wird das Schutzvlies m einem ebenfalls kunststoffbeschichteten Dach randprofil abgedeckt, deren Stöße mit schmale Streifen der Wurzelschutzbahn heißluftverschweiß werden. Randprofil mit 35 mm Dachpappe Nägeln befestigen (Abb. 151, 154).

149 Bohrlöcher für Schlagnieten vorbohren

150 Einschlagen der Schlagnieten

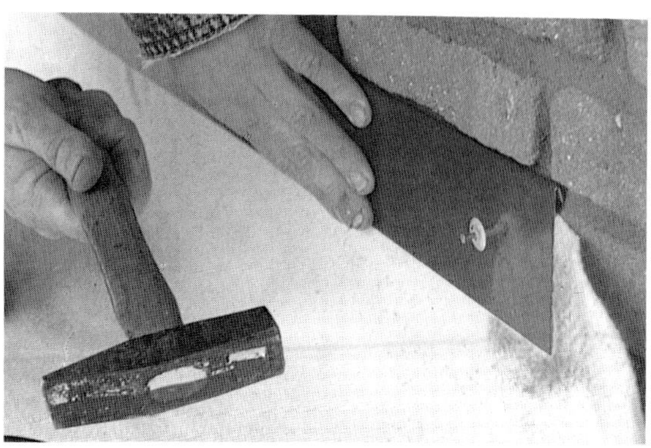

151 Randprofil-Montage

152 Mit Rollrasen und Sträuchern eingedeckte begehbare Garage (intensive Begrünung)

153 Extensiv begrünte Garage mit Kalkschottervegetation ▼

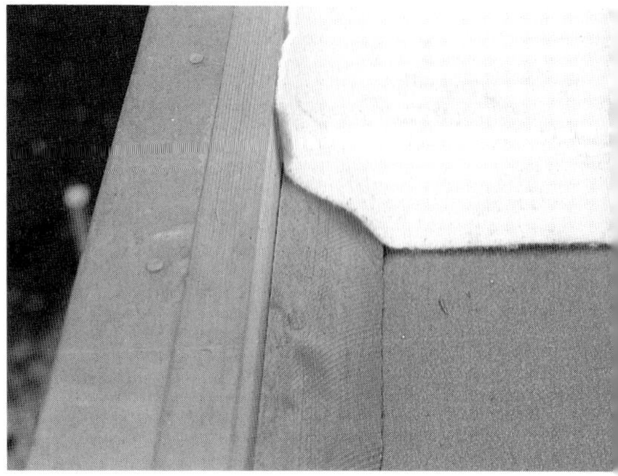

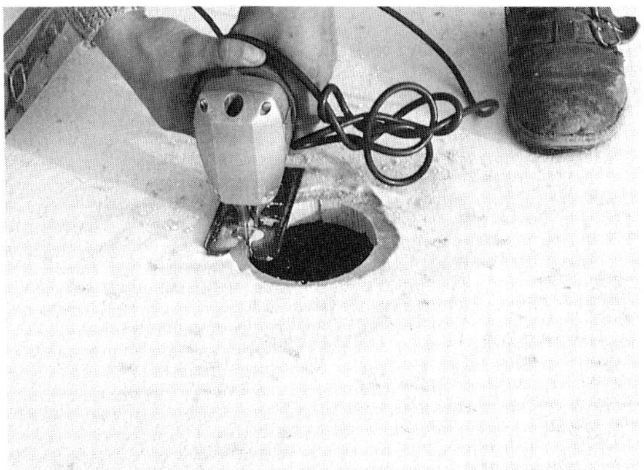

154 Dachrandprofil am Stoß mit einem Streifen Wurzelschutzbahn heißluftverschweißen

155 Öffnung für Dachablauf freisägen

156 Mit Kupferblech abgedeckter Sodenbalken (un ausgelegtem Schutzvlies)

157 Abdeckung des Sodenbalkens mit einem Winkel profil

Nachdem das Schutzvlies ausgelegt und befestigt ist, wird der Dachablauf installiert. Hierfür ist die Kreisöffnung mit der Stichsäge freizusägen. Ablaufstutzen einführen und die Manschette auf dem Vlies aufliegend mit Dachpappe-Nägeln befestigen (Abb. 155).
Die kunststoffbeschichteten Dachrand- und Wandanschlußprofile, aber auch die Manschetten des Dachablaufs, lassen sich später problemlos mit der Wurzelschutzbahn verschweißen. Vor diesem Arbeitsgang sei aber noch auf eine bauliche Variante hingewiesen:
An einem Garagenneubau wurden Sodenbalken und Blende in Kupfer eingefaßt, deren Stöße eine Montage des normalen Dachrandprofils nicht zu ließen. Statt dessen wurde ein kunststoffbeschich tetes Winkelprofil an der Innenseite des Soden balkens montiert, um den Anblick der Kupfer blende nicht zu beeinträchtigen (Abb. 156 und 157).

158 Randprofil einschließlich Überlappung messen ɹnd mit der Blechschere trennen

159 Ecküberlappung markieren und anschneiden

160 Einpassen der Eckverbindungen

161 Gegenstück spiegelverkehrt zuschneiden, anpassen und befestigen

3ei dieser Befestigungsvariante ist darauf zu achen, daß die verzinkten Dachpappe-Nägel nicht nit dem Kupferblech in Kontakt kommen. Jnabhängig davon, welches Profil verwendet wird, st eine handwerklich solide Verarbeitung und Montage erforderlich. Und dies gilt ganz besonders für die Eckverbindungen (Abb. 158, 160, 161). Nach Montage der Rand- und Wandanschlußprofile kann mit dem Verlegen der Wurzelschutzbahn begonnen werden (Abb. 162–169).

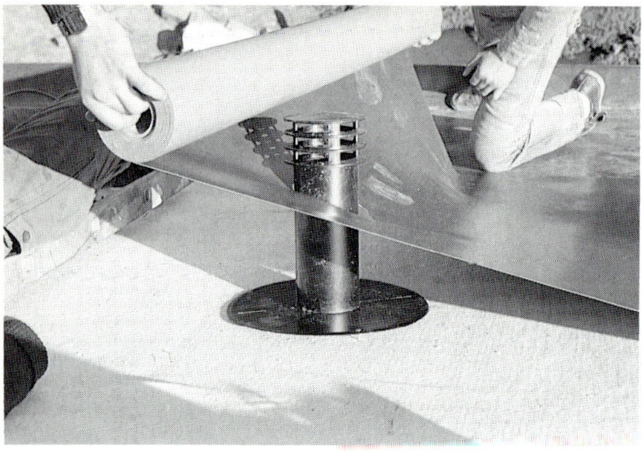

162 ▲

163 ▲

164 ▲

165 ▼

• *Verlegen der Wurzelschutzbahn*

Die Wurzelschutzbahn kann als Rollenware vor Ort auf dem Dach ausgelegt und an den Überlappungen mit einem Heißluftfön oder mit Quellschweißmittel wasserundurchlässig verbunden werden (Abb. 163-165).
Rollenware empfiehlt sich immer für größere Dachflächen ab 50 m^2; bei kleineren Flächen ist es ratsam, die Wurzelschutzbahn vorher verschweißen zu lassen. Nachdem die Wurzelschutzbahn flächig ausgelegt ist, wird sie mit dem Heißluftfön an die Rand- und Wandanschlußprofile geschweißt.

162 Auslegen der Wurzelschutzbahn (Rollenware) über Lüftungsrohr

163 Das flüssige Quellschweißmittel mit einer Pinselflasche zwischen die Dachbahnen verlaufen lassen und andrücken.

164 Heißluftverschweißen der Dichtungsbahn mit dem Randprofil . . .

165 . . . und der Wandanschlußleiste

166 **Intensiv begrünte Garage mit seitlich angeschüttetem Boden, der mit Rollrasen bis auf das Garagendach eingedeckt wurde; rechts mit Rundhölzern abgetrennte Sandkiste.**

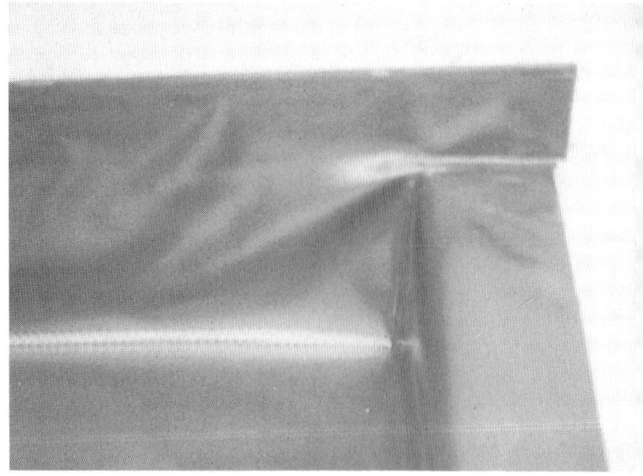

167 Wurzelschutzbahn überlappend zuschneiden

168 Teilverschweißte Eckverbindung

169 Verschweißte Wurzelschutzbahn im Wandbereich

170 Mit Schutzvlies abgedeckte Wurzelschutzbahn

Besondere Sorgfalt erfordern die Eckverbindungen, die überlappend zugeschnitten und verschweißt werden (Abb. 167–169).
Bei Dachdurchbrüchen (Abfluß, Lüftung) wird die Dichtungsbahn mit der Manschette wasserundurchlässig verschweißt. Nach Abschluß dieser Schweißarbeiten sind alle Nähte und Stöße zu überprüfen und - falls erforderlich - mit Flüssigfolie abzudichten. Die Flüssigfolie gehört zum Systemangebot der Dachbegrünung.
Um mechanische Beschädigungen durch scharfkantige Bodenteilchen zu vermeiden, wird die Wurzelschutzbahn mit Vlies abgedeckt, das an den Dachrändern und Wandanschlüssen hochzuziehen ist (ca. 10 cm = Bodendicke) (Abb. 170).

• *Bodenauftrag und Begrünung*

Wie bereits erwähnt, ist für gefällelose Flachdächer eine Dränage vorzusehen, um überschüssiges Regenwasser abzuführen. Hierfür eignet sich eine Dränage aus Blähton, die mit Vlies gegen Verrieselung geschützt wird, oder ein Dränrohr (Durchmesser 65 mm), das im Anschlußbereich des Gullys mit Grobkies abgedeckt wird (Abb. 171).
Bei leicht geneigten Flachdächern genügt es, den Dachrand mit Grobkies aufzufüllen, der auch den Abflußkorb überdeckt. Liegt der Gully in der Dachfläche, ist auch hier eine Kiesschüttung ausreichend (Abb. 172, 173).
Nach diesen Vorbereitungen kann der Mutter-

71 **Dränrohr auf einer Flachdachgarage**

72 **Dachrand mit Kiesschüttung**

173 **Kiesabdeckung eines Dachablaufs (nach Begrünung)**

174 **Auslegen des Rollrasens**

ɔoden aufgebracht und gleichmäßig auf dem Ɔach verteilt werden, um abschließend den Roll-rasen auszulegen (Abb. 174).
Aus ökologischen Gründen können dem Mutterɔoden zusätzliche Materialien wie Sand, lehmiger Boden oder Löß beigemischt werden. Um das Gesamtgewicht zu reduzieren, wird dem Mutterɔoden Blähton im Verhältnis 3:1 beigemengt.
Auch mineralische Substanzen verbessern das »Mikroklima« für die Pflanzen. Kalk im Boden neutralisiert natürliche Säuren und saure Niederschläge; Kalzium hilft, Nährstoffe für Pflanzen aufzuschließen; angemoderte Baumteile zersetzen sich durch Pilze und Mikroorganismen, wodurch organische Nährstoffe freigesetzt werden.
Wer sein Gründach nicht nur mit Grassoden oder Rollrasen abdecken will, sondern eine Kombination mit Wildblumen, Kräutern, Blumen und Trockenstauden bevorzugt, sollte sich vorher in einer Samenhandlung oder Gärtnerei über frostbeständige Pflanzen informieren.
Nach der Begrünung sollte das Dach - bei ausbleibendem Regen - leicht bewässert werden, um den Anwuchs der Pflanzen zu erleichtern.

Beispiele moderner Grasdächer

Wohnsiedlung »Laher Wiesen«, Hannover (Abb. 175–179)
Architekten: Boockhoff u. Rentrop, Hannover

Grasdachaufbau (System Minke):
— Dachschalung aus 16 mm Spanplatten und 12,5 mm Fichtenschalung
— Schubsicherung an der Traufe durch eine 16/16 cm konisch gehobelte Randschwelle
— Schubsicherung auf der Dachfläche mit 8/8 cm Dachschwellen (jew. Abstand 2 m)
— Wurzelschutzbahn »Herbatec«

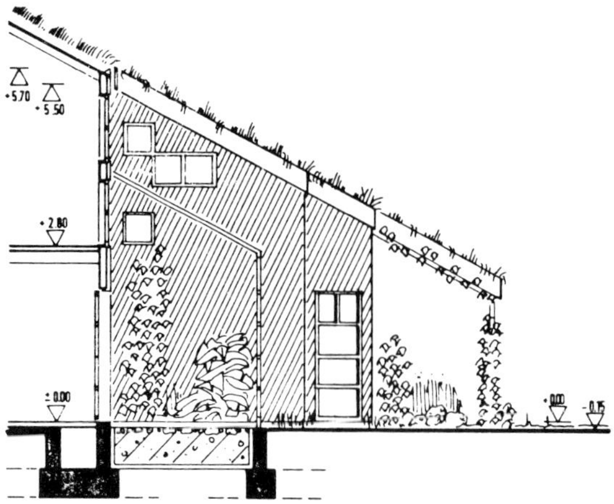

175 Ansicht Nord

176 Ansicht Ost

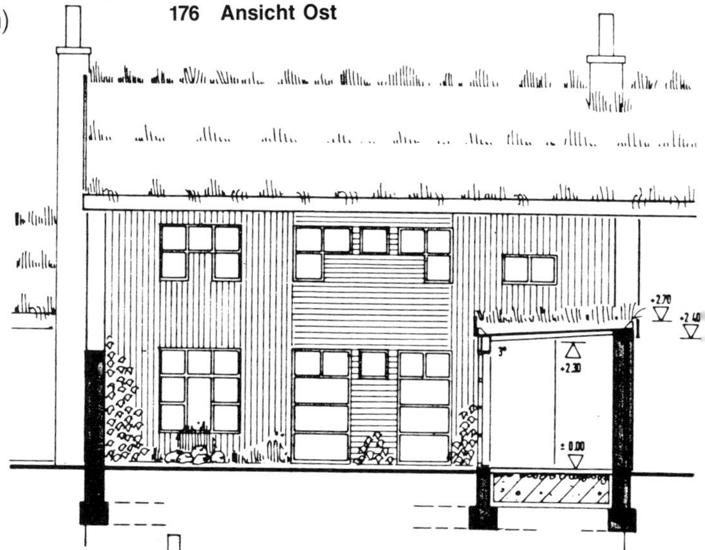

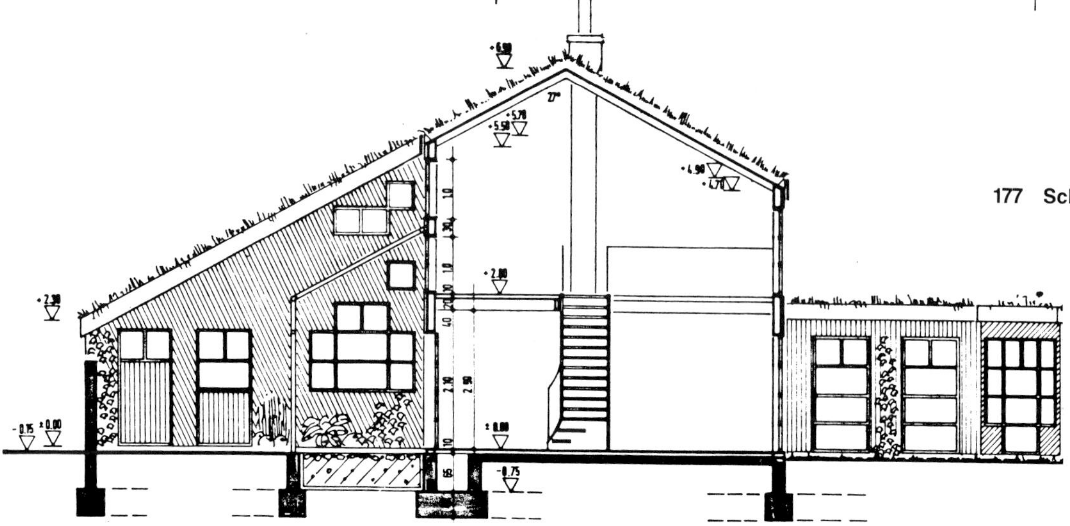

177 Schnitt

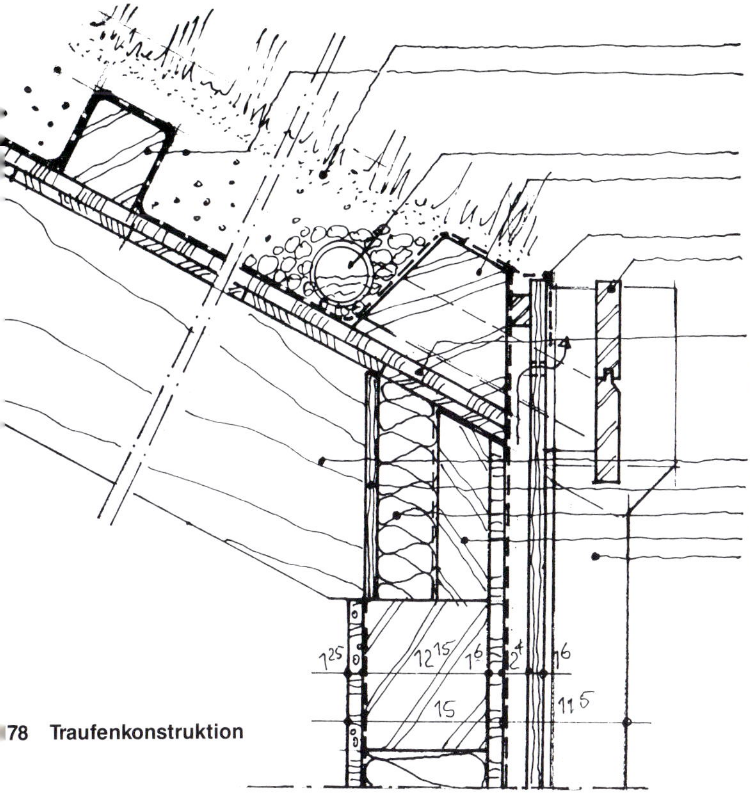

78 Traufenkonstruktion

79 Grasdach-Wohnsiedlung »Laher Wiesen«

Ökologisches Stadthaus (Abb. 180–182)

Architektur-Büro: Patschan, Werner, Winking, Hamburg (Entwurf März 1984)

Beispiel eines durch die Hamburger Baubehörde prämierten Entwurfs für ein Siedlungsprojekt in Hamburg-Allermöhe (Pilotprojekt).

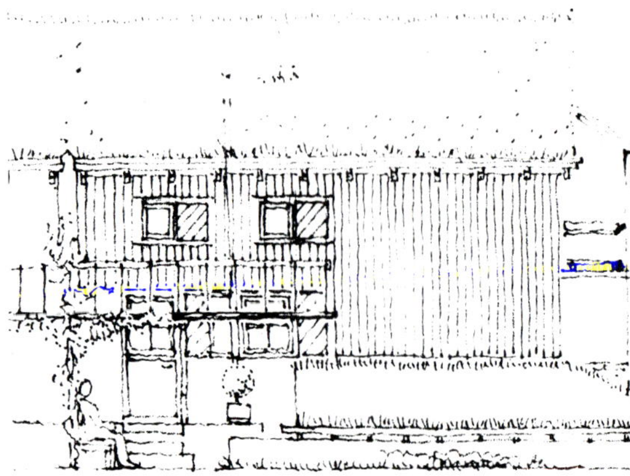

180 Ansicht von Norden

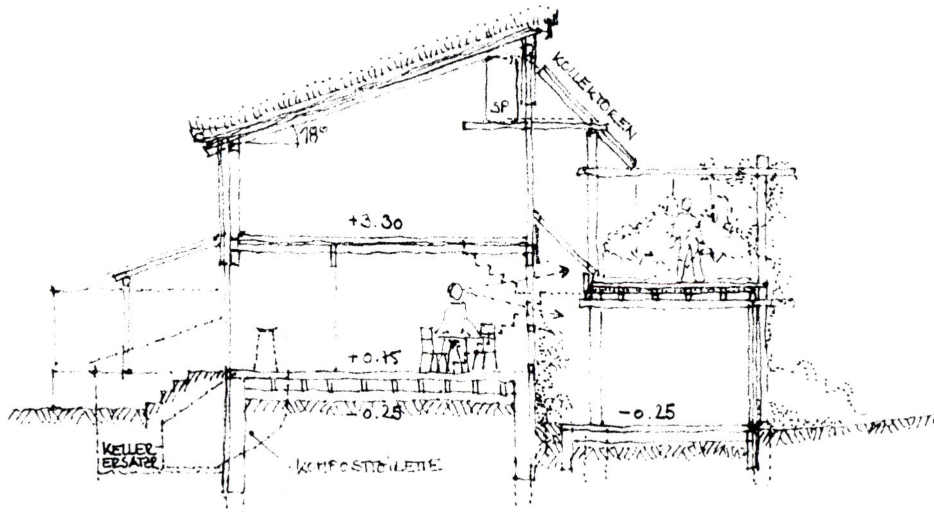

181 Schnitt

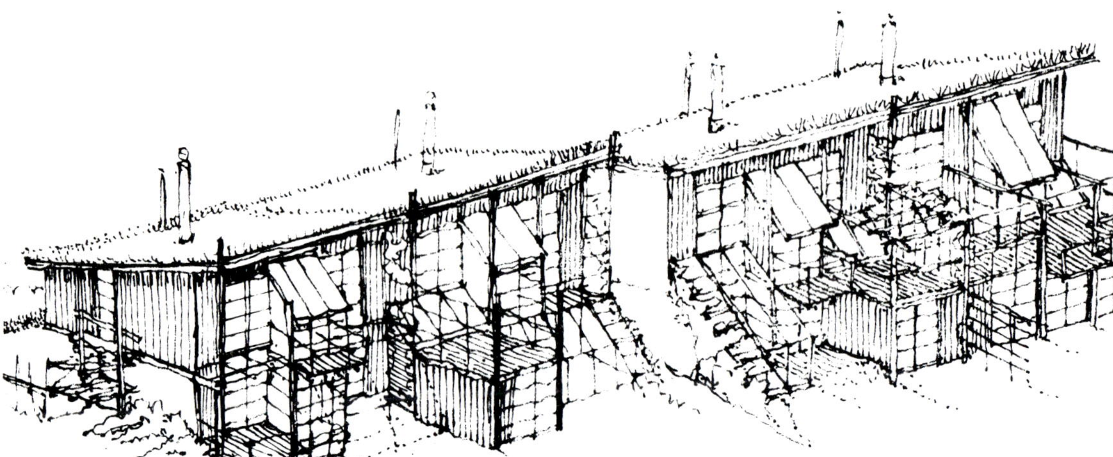

182 Isometrie zu Abb. 181

Ökologisches Stadthaus (Abb. 183–185)

Arbeitsgemeinschaft Bauleben, Hamburg

Durch die Hamburger Baubehörde prämierter Entwurf für das Pilotprojekt Hamburg-Allermöhe (Wohnsiedlung). Dieses unter dem Titel »Hausbausteine« entworfene Stadthaus ermöglicht dem Bauherren einen sukzessiven Anbau von Glashäusern und Abstellräumen.

183 Eingang

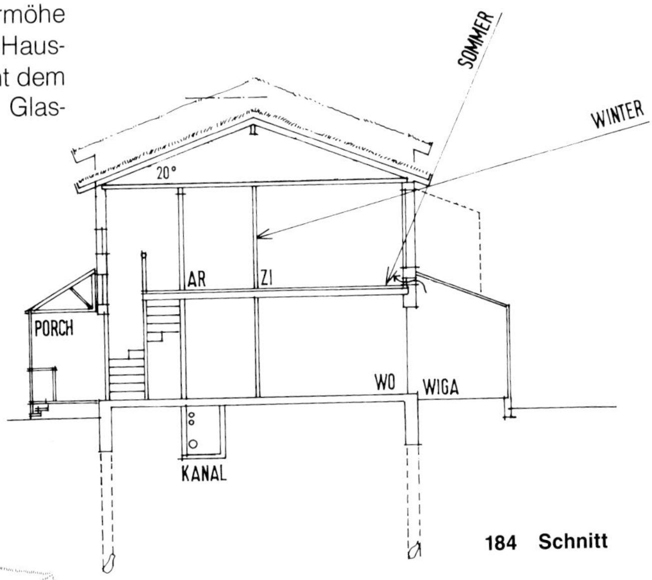

184 Schnitt

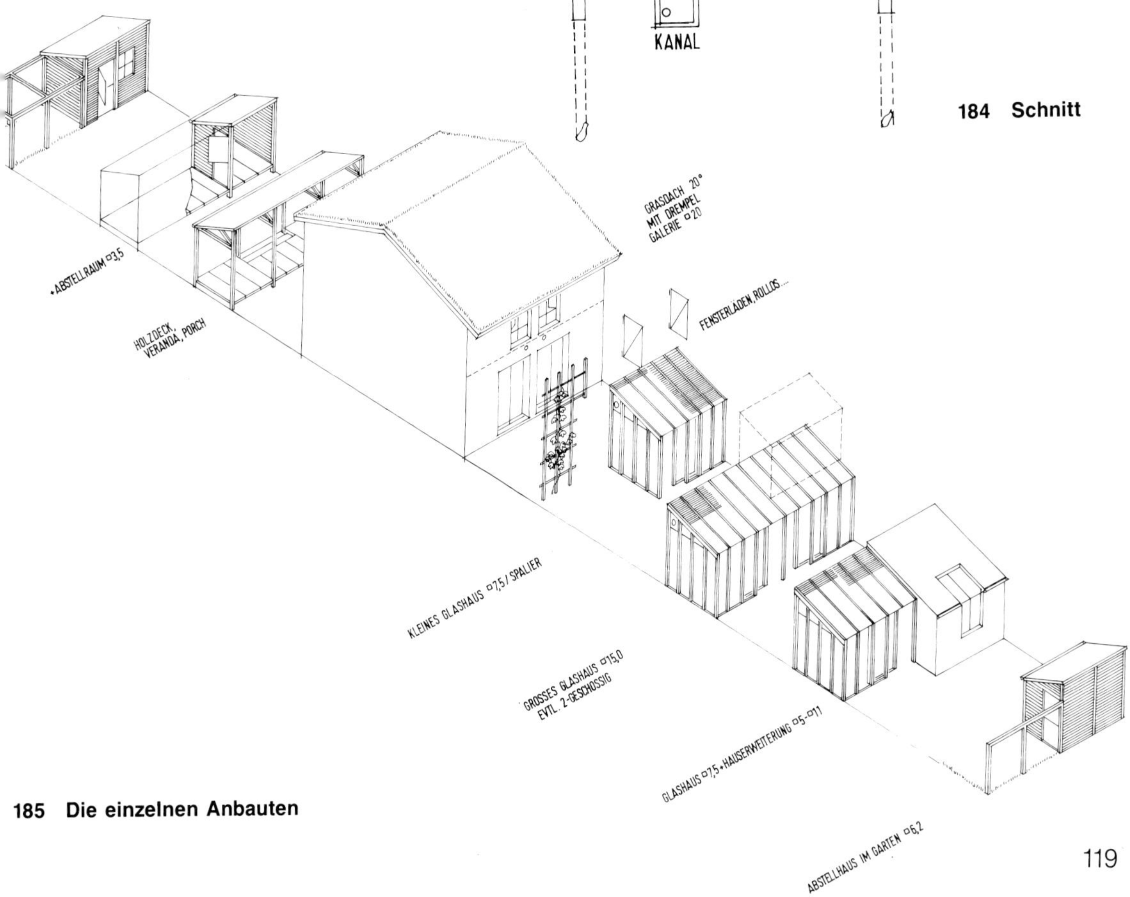

185 Die einzelnen Anbauten

186 Eingangsbereich

187 Ostansicht

Freie Waldorfschule Hannover (Abb. 186–188)
Planungsgemeinschaft Freie Waldorfschule,
H. Rentrop und E. Bedus, Hannover

188 Detail des Erkers

Anhang

Bezugsquellennachweis

• *Hersteller von Dachdichtungsbahnen*[56]

Braas & Co GmbH
Friedr.-Ebert-Anlage 56
6 Frankfurt/M. 97
Produkt: Rhenofol, PVC-weich

Chem. Fabrik Grünau GmbH
Moselstr. 35
645 Hanau
Produkt: Wolfin, PVC-weich

Dach-Baustoff-Vertriebs GmbH
Jaguarstieg 12
2 Hamburg 54
Produkt: Kautschukbahn (Butykautschuk)

Interplastic Werk GmbH
Franz-Fritsch-Str. 11
A-4600 Wels
Produkt: Intertherm, PVC-weich

Niederberg Chemie GmbH
Postfach 176
4133 Neukirchen-Vluyn
Produkt: Carbofol, ECB

Rheinhold & Mahla
Dämmstoffe GmbH
Stenzelring 23
2102 Hamburg 93
Produkt: Synthesekautschuk / EPDM

Rosemeier GmbH & Co KG
Postfach 1747
4973 Vlotho
Produkt: Platon, Polyetylen / PEHD

Sarna Kunststoff GmbH
Postfach 1243
8011 Kirchheim / München
Produkt: Sarnafil, PVC-weich

Unitecta GmbH
Postfach 400129
463 Bochum-Gerthe
Produkt: Organat, ECB

• *Forschungsinstitute, Verbände*

Forschungsgesellschaft Landschaftsentwicklung-Landschafts-
bau (FLL)
Colmantstr. 32
53 Bonn

Institut für Bodenkunde und Pflanzenernährung der Fach-
hochschule Weihenstephan
8050 Freising 12

Institut für Landschaftsbau
6222 Geisenheim

Technische Arbeitsgruppe Kunststoff- und Kautschukbah-
nen e. V. (TAKK)
Osannstr. 37
61 Darmstadt

Zentralverband des Deutschen Dachdeckerhandwerks
Hermann-Löns-Str. 1
5 Köln 51

• *Gras- und Substratanbieter*

ASB Erdenwerke
7121 Pleidelsheim

ASB Grünland
Porschestr. 4
7140 Ludwigsburg

Biohum-Werk
Industriepark
5309 Meckenheim

Brill Torfwerk
4458 Neuenhaus/Dinkel 1

56 Bei diesen Firmen handelt es sich um Anbieter, deren Dichtungsbahnen bereits erfolgreich für Dachbegrünungen eingesetzt worden sind. Weitere Anbieter sind den »TAKK-Werkstoffblättern Dachbahnen« und der Zeitschrift »Bauen mit Kunststoffen« zu entnehmen.

Gesellschaft für Grün mbH
Wehlingsweg 4
4390 Gladbeck

copal GmbH
Gärtnerstr. 94
2083 Halstenbek

Niedersächsische Rasenkulturen
Annen Nr. 2
2833 Groß Ippener

Norddeutsche Rasenschule
Lohe 61
2 Hamburg 65

Plantener Flächenbegrünung
Neckarstr. 33
6146 Alsbach

Werkverband Einheitserde
6492 Sinntal 3 (Jossa)

• *Holzdachrinnen*

Gerhard Beyer
Wallerseestr. 99
A-5201 Seekirchen a. W.

Ruho-Holztechnik GmbH
4807 Borgholzhausen

• *Erosionsschutzmatten (Verkrallungsgewebe)*

Enka AG
Postfach 100149
56 Wuppertal

Oltmanns GmbH
2905 Edewecht

• *Grasdach-Systeme*

Blumenhügel-Systeme
Postfach 69
6458 Rodenbach 2

Wand- und Dachbegrünungen
M. Brinkmann GmbH
Lindenstr. 14
3430 Unterrieden

re-Natur GmbH (Plastoplan)
Charles-Ross-Weg 24
2355 Ruhwinkel

• *Dachbegrünungs-Systeme*

Bauder GmbH
Postfach 310149
7000 Stuttgart 31

Brecht GmbH
Postfach 1126
7257 Ditzingen

Fränkische Rohrwerke GmbH
Postfach 40
8729 Königsberg

Optima Systeme GmbH
Postfach 11 40
2080 Pinneberg

Technoflor GmbH
Wilhelmstr. 98
5603 Wülfrath

ZinCo DachgartenSysteme
Postfach 20 69
7440 Nürthingen

Literaturverzeichnis

Baumann, Rudi »Begrünte Architektur«, München 1983

Bruun, D. »Fra de faerøske Bygder«, Kopenhagen 1929

Dansk-Faerøsk-Kulturfond »Faerøerne I«, Kopenhagen 1958

Doernach, Rudolf; Heid, Gerhard, »Das Naturhaus«, Frankfurt 1982

Ebbers, J. »Abdichtungen begrünter Dachdecken mit Hochpolymerbahnen« in: Das Dachdecker-Handwerk Nr. 3, 1983

Fachregeln des Dachdeckerhandwerks, Helmut Gros Fachverlag, Berlin 1982

Fischer, P. »Dachbegrünungssubstrate und Durchwurzelungsschutz« in: Das begrünte Haus, Karlsruhe 1983

Götze, H. »Praktische Erfahrungen mit dem Umkehrdach« in: Deutsche Bauzeitung Nr. 4, 1979

»Grundsätze für Dachbegrünungen«, Hrsg.: Forschungsgesellschaft für Landschaftsentwicklung - Landschaftsbau, Bonn 1982

Hilchen, Michael v. »Aufbau und Funktion begrünter Dächer in Norwegen«, Dipl.-Arbeit HGS Kassel 1980

Hoch, E. »Bauphysikalische Grundlagen für Dachbegrünung« in: Das Gartenamt Jg. 30, 1981

Hoschele/Schmidt »Klimatische Wirkungen einer Dachbegrünung« in: Garten und Landschaft Nr. 6, 1974

Kolb/Schwarz »Eigenschaften und Kosten von Substraten zur Extensiven Begrünung von Flachdächern« in: Das Gartenamt Nr. 33, 1984

Kolbe, Thekla »Extensive Gebäudebegrünung«, Dipl.-Arbeit GHS Kassel 1982

Krämer, Franz »Grundwissen des Zimmerers«, Karlsruhe 1982

Liesecke, H. J. »Funktion und Ausführung von Dachbegrünungen« in: Das Gartenamt Jg. 30, 1981; »Funktionsgerechter Aufbau von Dachbegrünungen« aus vegetationstechnischer Sicht in: Das Gartenamt Jg. 30, 1981

Minke, G. »Dach- und Wandbegrünung zur Verbesserung der Wohnumfeldbedingungen« in: Das Gartenamt Heft 8/1981; »Grasdächer. Ein ökonomischer Beitrag zum ökologischen Bauen« in: Deutsche Bauzeitung (Sonderdruck) Nr. 4, 1982

Norges Byggsforskinginstitut »Taktekking Torvtak« (Grasdachdeckung), Oslo 1979

Penningsfeld/Kurzmann/Kalthoff/Fischer »Prüfung verschiedener Wurzelschutzbahnen für Dachgärten« in: Garten und Landschaft Nr. 8, 1981

Pluta, H. J. »Ausführungstechnische Probleme bei Dachbegrünungen« in: Das Gartenamt Nr. 30, 1981

Sacher, E. »Die aus Grassoden und Holz gebauten Höfe und Kirchen Islands«, Diss. Berlin 1938

Technische Arbeitsgruppe Kunststoff- und Kautschukbahnen für Dach- und Bauwerksabdichtungen e. V. (TAKK) »Verlegehinweise für Dachbahnen«, Darmstadt 1984; »Werkstoffblätter Dachbahnen«, Darmstadt 1984

Umweltbundesamt »Ökologisches Bauen«, Berlin 1982

Universitetsforlaget »Gamle trehus«, Oslo 1980

Vrem, H. »Tomring og Torvtekking«, Oslo 1975

Williamson, K. »The Atlantic Islands a study of the Faeroe Life and Scene«, 1928

Zappke, W. »Konstruktionsmerkmale von Dächern unter bauphysikalischen Aspekten« in: Bauforschung und Baupraxi 1983; Hrsg. Institut für Bauforschung, Hannover

Geeignete Pflanzenarten

Brunelle *(Prunella grandiflora)*
Dachwurz *(Sempervivum tectorum)*
Erdsegge *(Carex humilis)*
Frühlingsfingerkraut *(Potentilla verna)*
Gamander *(Teucrium chamaedrys)*
Gelber Lauch *(Allium flavum)*
Graslilie *(Anthericum ramosum)*
Habichtskraut *(Hieracium pilosella)*
Herbstfreude *(Sedum telephium)*
Hornkraut *(Cerastium tomentosum, var. columnae)*
Karthäusernelke *(Dianthus carthusianorum)*
Knolliger Hahnenfuß *(Ranunculus bulbosus)*
Königskerze *(Verbascum bombyciferum)*
Lebend gebärender Schwingel *(Festuca vivipara)*
Lein *(Linum flavum)*
Mauerpfeffer *(Sedum acre)*
Perlgras *(Melica ciliata)*
Rotes Laub *(Sedum album)*
Schneepolster *(Sedum album)*
Seifenkraut *(Saponaria ocymoides)*
Sonnenröschen *(Helianthemum nummularium)*
Steinkraut *(Alyssum argenteum)*
Steinnelke *(Petrorhagia saxifraga)*
Storchschnabel *(Geranium sanguineum)*
Tripmadam *(Sedum reflexum)*
Walzen-Sedum *(Sedum sexangulare)*

Bildnachweis

Fotos

Bernd Grützmacher Abb. 1-3, 5, 21, 22, 25, 26, 34, 38, 40-43, 45, 49, 54, 60, 74-77, 82-85, 94-97, 99-103, 125-132, 140, 145-152, 154-174
Michael v. Hilchen Abb. 4, 16, 35, 39, 50, 53
Architekten Boockhoff u. Rentrop, Hannover Abb. 179, 186, 188
Dieter Goebel Abb. 72, 73
Platon AS, Norwegen Abb. 86-93
Volker Schroeder Abb. 115-117
Fa. Blumenhügel Abb. 121, 122
Fa. re-Natur (Plastoplan) Abb. 135-138, 141-144, 153

Zeichnungen

Barbara Brenner Abb. 6-15, 17-20, 23, 24, 27-33, 36, 37, 44, 46-48, 51, 52, 55-59, 61-71, 78-81, 183-185 (nach Vorlagen des Architektur-Büros Patschan, Werner, Winking, Hamburg)
Volker Schroeder Abb. 98, 104-114, 117, 119, 120, 133, 134, 139
Fa. M. Brinkmann Abb. 123, 124
Architekten Boockhoff u. Rentrop, Hannover Abb. 175 bis 178, 187
Arbeitsgemeinschaft Bauleben, Hamburg Abb. 183-185
Architektur-Büro Patschan, Werner, Winking, Hamburg Abb. 180-182